Paul E. Billheimer
Durchbruch zur Herrlichkeit

Paul E. Billheimer

Durchbruch zur Herrlichkeit

Warum leiden die Gläubigen?

Verlag Schulte + Gerth, Aßlar

Die amerikanische Originalausgabe erschien im Verlag
Christian Literature Crusade, Fort Washington, Pennsylvania,
unter dem Titel „Don't Waste Your Sorrows".
© 1977 Christian Literature Crusade, Inc.
© der deutschen Ausgabe 1984 Verlag Schulte + Gerth, Aßlar
Aus dem Amerikanischen übersetzt von Johannes Volkert

Best.-Nr. 15 560
ISBN 3-87739-560-0
1. Auflage 1985
Umschlaggestaltung: Gisela Scheer
Satz: Typostudio Rücker & Schmidt
Druck und Verarbeitung: Ebner Ulm
Printed in Germany

Inhalt

Vorwort

Ich schreibe nicht über die Liebe, weil ich mich für besonders sachverständig halte. Im Gegenteil! Sehr zu meinem Bedauern muß ich bekennen, daß ich, was die Liebe anbelangt, vielfach gefehlt habe. Die in diesem Buch dargelegten Wahrheiten hat Gott mir in vielen Jahren harter Schulung deutlich gemacht.

Obwohl es sehr schmerzhafte Jahre waren, möchte ich sie doch um keinen Preis missen. Ich bin Gott für seine Treue und Geduld mit mir unendlich dankbar.

Am meisten bedauere ich, daß ich ein so begriffsstutziger Schüler war. Meine größte Freude besteht darin, daß Gott mich nicht aufgab.

Dieses Buch soll eine Fortsetzung des Buches „Für den Thron bestimmt" sein und beruht auf derselben „Kosmologie". Dieser Ausdruck bezeichnet die Grundsätze, nach denen das Universum geschaffen wurde. Die von mir dargelegte Kosmologie besagt, daß das Universum letztendlich um der Gemeinde Jesu willen geschaffen wurde (Römer 8,29 und Epheser 3,9-11).

Das Universum einschließlich der Erde sollte einen geeigneten Lebensraum für das Menschengeschlecht bieten. Die Menschheit wurde nach dem Bilde Gottes als ewige Gefährtin des Sohnes geschaffen. Nach dem Sündenfall und der Verheißung der Erlösung hat Gott das messianische Geschlecht ins Leben gerufen und darauf vorbereitet, den Messias hervorzubringen. Der Messias kam aus einem einzigen Grund: sich eine Gemeinde zu bereiten und so seine Braut zu empfangen.

Die Kosmologie besagt auch, daß – soweit es die Bibel offenbart – alles, was Gott von Ewigkeit her getan hat, und alles, was er bis zum Hochzeitsmahl des Lammes tun wird, einem einzigen Ziel dient: der Sammlung und Zubereitung der Braut für ihr hohes Amt als Mitherrscherin des Sohnes über dessen unermeßliches, unbegrenztes, ewiges Königreich in den zukünftigen Zeitaltern. Alles, was dem Hochzeitsmahl des Lammes von Ewigkeit her vorausgeht, ist nur Vorspiel für Gottes ewiges Werk. Erst wenn die Braut mit ihrem Herrn und Bräutigam auf dem Thron sitzt, wird Gott seinen Plan für die Ewigkeit offenbaren.

In „Für den Thron bestimmt" wird die Ansicht vertreten, daß Gott das Gebet nicht in erster Linie als Mittel zur Ausführung seines Planes anordnete (Gott ist überhaupt nicht auf fremde Hilfe angewiesen), sondern als praktisches Ausbildungsprogramm für die Braut. Sie soll, als Vorbereitung auf ihre zukünftige Herrschaft, lernen, die widergöttlichen Mächte zu überwinden. Überwindung ist eine Voraussetzung für die Thronbesteigung (Offenbarung 3,21). Gott ordnete das Gebet als eine Lehrzeit an, in der sich die Braut zur Vorbereitung auf ihre Rolle als Königin die „handwerklichen Fähigkeiten" – nämlich den Umgang mit den Waffen des Gebets und des Glaubens – aneignen soll, um das Böse zu besiegen.

Neben dem Gebet befaßt sich das vorliegende Buch mit dem Leiden als einem weiteren Aspekt der Zubereitung der Braut für ihr Herrscheramt. Wenn wir überwinden, werden wir herrschen (Offenbarung 3,21). „Dulden wir, so werden wir mitherrschen" (2. Timotheus 2,12). Gott setzte das Gebet ein, um die Braut mit den praktischen Fertigkeiten und Kenntnissen für die Herrschaft auszustatten. Außerdem bestimmte er, daß das Leiden – eine Folge des Sündenfalles – Eigenschaften und Fähigkeiten hervorbringen soll, die für eine Herrschaft mit dem Gebot der Liebe als oberstem Grundsatz unerläßlich sind.

Epheser 1,9-10 sagt, daß Gott in der zukünftigen sozialen Ordnung das gesamte Universum unter einem Haupt zusammenfassen will (vgl. Philipper 2,10): „Er tat uns das Geheimnis seines Willens kund, gemäß seinem wohlwollenden Ratschluß, den er gefaßt hat in ihm, damit es ausgeführt würde in der Fülle der Zeiten: alles unter *ein* Haupt zu bringen in Christus, was im Himmel und was auf Erden ist, in ihm."

Ohne Liebe kann es keine Einheit geben. Jeder Streit, jede Trennung und jede Abspaltung ist die Folge eines Mangels an Liebe. Daher steht in einem vollkommenen Universum das Gesetz der Liebe an höchster Stelle.

Wenn ein Mensch wiedergeboren wird, beginnt sofort seine Ausbildung für das zukünftige Herrscheramt. Da die Agape-Liebe eine wesentliche Voraussetzung für die Ausübung von Autorität in der himmlischen Sozialordnung ist, soll diese Ausbildung eine solche Liebe entwickeln helfen. „Agape" ist Liebe aufgrund der ihr innewohnenden Natur und nicht aufgrund der Vortrefflichkeit oder des Wertes des anderen. Es handelt sich um eine spontane, automatische, gottgewirkte Liebe.

Weil das Leiden notwendig ist, um das Ich zu entthronen und die tiefen Dimensionen der Agape zur

Entfaltung zu bringen, kann diese Liebe nur in der Schule des Leidens entstehen. Sie wächst und entwickelt sich nur durch Übung und Erprobung. Dies erklärt vielleicht die Beziehung zwischen Heiligung und Leiden und zeigt auf, weshalb es keine Heiligung ohne Leiden geben kann. Wahrscheinlich ist es auch ein Hinweis darauf, daß die größten Heiligen oft die größten Dulder sind. Gleichzeitig stellt es den Versuch einer Antwort auf die jahrhundertealte Frage dar: „Warum müssen die Gerechten leiden?"

Fassen wir zusammen: Alle wiedergeborenen Menschen befinden sich in der Ausbildung für ihr zukünftiges Herrscheramt. Da das höchste Gesetz der zukünftigen Sozialordnung – Reich Gottes genannt – die Agape ist, dient die Ausbildung und Zubereitung dazu, sie zu erlernen. Die tieferen Dimensionen erfährt man jedoch nur in der Schule des Leidens. Selbst nach der Wiedergeburt und der Erfüllung mit dem Heiligen Geist – bei denen es sich um Anfangserfahrungen handelt – kann sich Agape-Liebe nur durch Übung und Erprobung entwickeln. Reinheit ist etwas anderes als Reife. Letztere wird vor allem durch Jahre des Leidens erlangt. „Dulden wir, so werden wir mitherrschen", denn wo nur wenig gelitten wird, ist wenig Liebe; kein Leiden, keine Liebe; keine Liebe, keine Herrschaft.

Einleitung

In bestimmten religiösen Kreisen wird heute nachdrücklich behauptet, das ideale geistliche Leben sei ein Leben in ständiger Freude, in Frieden und materiellem Wohlstand. Es ist eine geläufige Vorstellung, daß die Errettung des Menschen und seine Erfüllung mit dem Heiligen Geist der Anfang eines angenehmen Lebens ohne irgendwelche Probleme bedeutet. Wenn doch welche auftreten, werden sie sofort gelöst, und die Wunder hören niemals auf. Manche glauben, „ein Wunder pro Tag" sei die Norm. Wenn jemand nicht beständig übernatürliche Erlebnisse hat, dann deshalb, weil er geistlich hinter dem Normalen zurückgeblieben ist. Zwischen Gott und ihm stimmt etwas nicht. Für diese Art von Menschen ist das geisterfüllte Leben eine vergnügliche Landpartie. Niemand sollte je krank werden. Falls er es aber doch wird, sollte er sofort durch einfachen, mühelosen Glauben geheilt werden. Wenn jemand Geld benötigt, so braucht er nichts anderes zu tun, als Gott darum zu bitten: der Himmel öffnet sich, und schon regnet es herab. Wenn jemand nicht erfolgreich ist und nicht im Überfluß lebt, dann einfach deshalb, weil er geistlich „nicht auf der Höhe" ist. Manch einer mag das für übertrieben halten, aber es trifft den Kern der Sache.

In dieser Theorie steckt gewiß eine Menge Wahrheit. Es stimmt zweifelsohne, daß nur wenige von uns unseren geistlichen Vorrechten gemäß leben. Gott möchte seine Großzügigkeit und seine wunderwirkende Kraft gern häufiger offenbaren. Aber ist die obige Denkweise geistlich angemessen ausgerichtet, oder stellt sie nur eine Seite der Medaille dar?

Auf der anderen Seite finden wir die Vorstellung vom geistlichen Leben als einem Kampf, der Mut, Opfer und strenge Selbstdisziplin erfordert. Diese Theologie betont die unvermeidliche Müdigkeit, die Mühe und die Schmerzen, denen man manchmal begegnet – die Bitterkeit in Auseinandersetzungen, die Tage der Verzweiflung und die zermürbenden Nächte in Finsternis und Qual. Die folgenden Schriftstellen mögen das erläutern: „Du nun leide Ungemach, als ein edler Streiter Jesu Christi" (2. Timotheus 2,3). „Will jemand mir nachkommen, so verleugne er sich selbst und nehme sein Kreuz auf sich täglich und folge mir nach" (Lukas 9,23). „Und Jesus...sprach zu ihm: Eins fehlt dir! Gehe hin, verkaufe alles, was du hast, und gib es den Armen, so wirst du einen Schatz im Himmel haben; und komm, nimm das Kreuz auf dich und folge mir nach" (Markus 10,21). „Von mir aber sei es ferne, mich zu rühmen, denn allein des Kreuzes unsres Herrn Jesus Christus" (Galater 6,14).

Die Kehrseite der Medaille wird auch veranschaulicht durch Berichte über die tapfere Schar von Märtyrern, deren Blut sich als Saat der Gemeinde erwiesen hat. Sie findet sich außerdem in einer Fülle von Literatur, die den heroischen Mut, die Tapferkeit, die Selbstverleugnung und den hohen Preis der Jesusnachfolge und des bedrängten christlichen Glaubens rühmt und verherrlicht.

Amy Carmichael, die viele Jahre lang die „Dohnavur Fellowship" vom Krankenbett aus leitete, hat das

Kampfideal in ihrem „Gebet eines Soldaten" folgendermaßen ausgedrückt:

> Vor dem Gebet, das bittet, mich zu schützen
> vor den Winden, die dich schnitten,
> vor der Furcht beim Vorwärtsgehn,
> vor dem Straucheln beim Höherstreben
> und vom verwöhnten Ich, o Herr,
> befreie mich.
>
> Gib mir Liebe, die auf rechtem Wege leitet,
> den Glauben, der kein Verzweifeln kennt,
> die Hoffnung, die durch keine Enttäuschung
> ermüdet,
> das Verlangen, das wie Feuer brennt.
> Aschere mich nicht als toten Klumpen ein.
> Flamme Gottes, laß mich dein Brennstoff sein!

Das Thema Kampf hat C.T. Studd aufgenommen und
in unvergeßliche Worte gekleidet: „Wenn Jesus Christus Gott ist und für mich starb, dann kann mir für ihn
kein Opfer zu groß sein."

Norman Grubb hob hervor, daß der Heilige Geist
den Gläubigen zu einem Leben der Hingabe, des Op-
ferns und Leidens führen wird, wie er es auch bei Jesus tat.

In ihrem Buch „What About Us Who Are Not Hea-
led?" (Was ist mit uns, die wir nicht geheilt werden?)
spricht Carmen Benson die Zweifel, Ängste und
Schwierigkeiten jener vielen Menschen aus, die – ohne ersichtlichen Grund – erfolglos Heilung suchten
und unerklärlicherweise weiterleiden.

Damit erhebt sich die Frage, ob ein Leben in unun-
terbrochenem Frieden, in Freude und Wohlstand, ein

Leben voll Gesundheit, Glück, Erfolg und Überfluß das geistlich höherstehende Leben ist, in dem Gott am meisten verherrlicht wird. Müssen alle, die diesem Ideal nicht entsprechen, als Bürger zweiter Klasse im Reich Gottes angesehen werden? Müssen sie sich mit der untergeordneten Stellung eines Stiefkindes Gottes zufriedengeben?

Man frohlockt wohl über das Maß des Glaubens, das in Erfolg, Reichtum und Heilung sichtbar wird. Man erkennt wohl, daß Heilungswunder und andere außergewöhnliche Gebetserhörungen unseren großen Herrn und seinen Triumph über den Widersacher verherrlichen. Die Demonstration des Übernatürlichen durch Zeichen und Wunder ist ja schriftgemäß (2. Korinther 12,12) und wirkt dem Unglauben entgegen; sie bestärkt den Glauben in den Herzen der Kinder Gottes und bringt viele Seelen zum Herrn.

Aber wie können die offensichtlichen Fehlschläge erklärt werden? Einige werden geheilt – aber die große Masse nicht. Einige wenige werden auf wunderbare Weise erhört, wenn sie um Heilung und Wohlstand beten – aber die meisten nicht. Müssen alle diese Menschen resignieren und sich in Selbstmitleid und Rebellion ergehen? Muß man den Schluß ziehen, daß die vielen, die nicht geheilt oder aus bedrückender Armut erlöst werden, sich im Reich Gottes mit einer Staatsbürgerschaft zweiter Klasse zu begnügen haben? Muß derjenige, der nicht geheilt wird, an einem geistlichen Minderwertigkeitskomplex leiden und zu dem fatalen Schluß kommen, er könne von Gott nur das Zweitbeste haben, während eine auserwählte Minderheit, die geheilt und mit Wohlstand gesegnet wird, als „die kleine Schar der Auserwählten Gottes" gilt?

Oder kann die große Mehrheit, die weiterhin finanziell begrenzt oder körperlich leidend bleibt, einen ebensogroßen Beitrag zum Reich Gottes leisten? Kann sie dem Herzen Gottes ebensoviel Freude bringen und auch eine so große, ewige Belohnung erlangen wie diejenigen, die hier und jetzt durch übernatürliche Hilfe begünstigt werden?

„Denn unsere Trübsal, die zeitlich und leicht ist, verschafft uns eine ewige und über alle Maßen gewichtige Herrlichkeit, uns, die wir nicht sehen auf das Sichtbare, sondern auf das Unsichtbare; denn was sichtbar ist, das ist zeitlich; was aber unsichtbar ist, das ist ewig."

(2. Korinther 4,17.18)

„Die Leiden, die ich jetzt ertragen muß, wiegen nicht schwer und gehen vorüber. Sie werden mir eine Herrlichkeit bringen, die alle Vorstellungen übersteigt und kein Ende hat. Ich baue nicht auf das, was man sieht, sondern auf das, was jetzt noch keiner sehen kann. Denn was wir jetzt sehen, besteht nur eine gewisse Zeit. Das Unsichtbare aber besteht ewig."

(2. Korinther 4,17.18, Gute Nachricht)

Auch das Leid dient dem treuen Gläubigen zum Besten. Diese Feststellung beruht auf dem Glauben, daß das Unsichtbare die letzte und höchste Realität darstellt und das Gegenwärtige und Sichtbare nur relativ und vergänglich ist.

Was kostet die Herrlichkeit?

Um den Abschnitt aus 2. Korinther 4 verstehen zu können, ist es notwendig, den Begriff „Trübsal" zu definieren. Vermutlich hat Paulus in erster Linie an die Verfolgungen, den Widerstand, die Entbehrungen und die Mühsal gedacht, denen die ersten Christen – er selbst eingeschlossen – in ihrem Bemühen um die Verbreitung des Evangeliums ausgesetzt waren.

Die Leiden, die Paulus selbst erduldete, sind in 2. Korinther 11,23-33 zum Teil aufgeführt. Unter ihnen finden wir auch körperliches Leiden und möglicherweise bleibende Schädigungen. Viele bezweifeln, daß es sich bei Paulus' „Pfahl im Fleisch" (2. Korinther 12,7) um eine körperliche Krankheit handelte. Aber so abwegig ist die Interpretation nicht.

Das ursprüngliche griechische Wort, das mit „Trübsal" übersetzt wird, bedeutet einfach „Bedrängnis", „Druck". Nach „Webster's New World Dictionary" ist „Trübsal" alles, „was Schmerz oder Kummer verursacht". „Sie beinhaltet jeden Schmerz, jedes Leiden oder jeden Kummer aufgrund von Krankheit, Verlust, Unglück usw."

Manche Gläubige meinen, Gott gebrauche andere Arten von Trübsal, um einem fehlgehenden Heiligen oder jemandem, der noch in den Grundlagen des Glaubens unterwiesen werden muß, zurechtzuhelfen.

Er benutze dazu jedenfalls keine körperliche Krankheit, weil Jesus ja unsere Krankheiten getragen und unsere Schmerzen auf sich genommen hat (Jesaja 53,4-5).

Aus diesem Grunde glauben sie, daß man Krankheit niemals als Erziehungsmaßnahme akzeptieren muß. Der Preis für die Erlösung wurde bezahlt. Deshalb sind sie der festen Überzeugung, für den Gläubigen müsse es möglich sein, durch den Glauben sofortige Heilung zu erlangen – und zwar ohne überlegen zu müssen, ob Gott durch die Trübsal vielleicht etwas Neues lehren will.

Diese Auffassung verträgt sich anscheinend nicht mit Paulus' Ansicht in 1. Korinther 11, 28-32: „Es prüfe aber ein Mensch sich selbst, und also esse er von dem Brot und trinke aus dem Kelch; denn wer unwürdig ißt und trinkt, der ißt und trinkt sich selbst ein Gericht, weil er den Leib des Herrn nicht unterscheidet. Deshalb sind unter euch viele Schwache und Kranke, und eine beträchtliche Zahl sind entschlafen; denn wenn wir uns selbst richteten, würden wir nicht gerichtet werden; werden wir aber vom Herrn gerichtet, so geschieht es zu unserer Züchtigung, damit wir nicht samt der Welt verdammt werden."

Hier sieht es so aus, als gebrauche Gott körperliche Trübsal, um Gläubige zu erziehen. Wenn das der Fall ist, darf man Krankheit nicht als ein Mittel ausschließen, das der Herr gebrauchen kann, um die Aufmerksamkeit eines Gläubigen auf ein bestimmtes, korrekturbedürftiges Gebiet in seinem Leben zu richten. Alexander Maclaren sagte, jede Trübsal sei mit einer Botschaft versehen, die aus dem Herzen Gottes komme. Watchman Nee äußerte, daß wir niemals etwas Neues über Gott lernen, es sei denn durch widrige

Umstände. Und von David sind die Worte überliefert: „Ehe ich gedemütigt ward, irrte ich; nun aber befolge ich dein Wort. Es war gut für mich, daß ich gedemütigt wurde, auf daß ich deine Satzungen lernte" (Psalm 119,67.71). Auch Hiob ist ein Beispiel für Gottes erzieherische Anwendung körperlicher Leiden.

Es scheint sich demnach so zu verhalten, daß Jesus zwar unsere Krankheiten auf sich nahm und unsere Schmerzen trug, Gott aber dennoch körperliche Leiden gebraucht, um seine Kinder zu züchtigen. Ist das der Fall, dürfen wir Krankheit und Leiden nicht von den Trübsalen ausschließen, die „nicht schwer wiegen" und die – wie Paulus gesagt hat – dem gehorsamen und vertrauenden Kind Gottes eine Herrlichkeit bringen, „die alle Vorstellungen übersteigt und kein Ende hat".

Sobald wir diese Interpretation von „Trübsal" akzeptieren, sagt Paulus, kann jeder „Druck" – welche Ursache er auch haben mag, körperliche Schmerzen oder Leiden eingeschlossen – uns zum Besten dienen, selbst wenn keine Heilung folgt. Wenn das so ist, sollten Gläubige, die körperlich leiden und keine Heilung erlangt haben, aufhören zu klagen, zu murren, sich zu bemitleiden und Depressionen nachzugeben. Statt dessen sollten sie überlegen, wie ihr Kummer und ihre Sorgen in jene Herrlichkeit verwandelt werden können, „die alle Vorstellungen übersteigt". Dieses Buch ist ein Versuch, den Leidenden dabei zu helfen.

Das größte Problem des Lebens

Mit Ausnahme der Sünde ist das Leid das schwerwiegendste Problem des Lebens. Nach dem „New Testament and Wycliffe Bible Commentary" bedeutet das

Verb für „verschaffen" (2. Korinther 4,17) im Urtext auch „erschaffen". Offensichtlich sagt der Apostel, daß „unsere leichte Trübsal" – wenn wir sie nur richtig akzeptieren – uns in der Tat eine Herrlichkeit verschafft oder erschafft, „die alle Vorstellungen übersteigt" und in keinem Verhältnis zum Schmerz steht. Daher sollten wir Leid schätzen und ihm nicht durch Widerstand und Rebellion den Nutzen rauben.

Paulus erweitert diese herrliche Wahrheit unseres Leitverses aus 2. Korinther 4,17-18 in Römer 8,18: „Denn ich halte dafür, daß die Leiden der jetzigen Zeit nicht in Betracht kommen gegenüber der Herrlichkeit, die an uns geoffenbart werden soll." Und in Römer 5,3-5: „...wir rühmen uns auch in den Trübsalen, weil wir wissen, daß die Trübsal Standhaftigkeit wirkt; die Standhaftigkeit aber Bewährung, die Bewährung aber Hoffnung; die Hoffnung aber läßt nicht zuschanden werden; denn die Liebe Gottes (Agape-Liebe) ist ausgegossen in unsre Herzen durch den heiligen Geist, welcher uns gegeben worden ist."

Für viele Menschen ist dies reines Wunschdenken. Es anzunehmen kommt ihnen vor wie das bekannte „Pfeifen im dunklen Wald". Das vorliegende Buch gründet sich auf Logik und biblische Tatsachen. Es ist ein Versuch aufzuzeigen, daß das obige Konzept mehr ist als nur ein moralisches Modell.

Kummer und Leid werfen ein Problem auf, das wahrscheinlich zu allen Zeiten das größte für die Gläubigen war. Leid ist nicht nur das letzte, das man für nützlich hält, sondern sogar etwas, das man vermeiden, umgehen, dem man ausweichen muß. Aber nach Gottes Wort ist das Leid kein Zufall, sondern ein kostbares Geschenk. Es kommt darauf an, wie die Gläubigen mit diesem Geschenk umgehen.

Leid gibt es überall

In einer gefallenen Welt gibt es überall irgendeine Form von Leid. Es kann hier keine endgültige Befreiung vom Leid geben. Man kann ihm auch nicht entfliehen – weder durch eine gesellschaftliche Stellung noch durch einen heiligen Lebenswandel, durch Gesundheit oder Reichtum. „Der Mensch ist zur Mühsal geboren, wie die Funken sich erheben im Fluge" (Hiob 5,7, Elb. Übers.). „In der Welt habt ihr Trübsal" (Johannes 16,33). „...denn ihr wisset selbst, daß wir dazu bestimmt sind. Denn als wir bei euch waren, sagten wir euch voraus, daß wir Trübsale würden leiden müssen, wie es auch gekommen ist" (1. Thessalonicher 3,3-4). Schwierigkeiten stellen sich daher beiden in den Weg, sowohl dem Heiligen als auch dem Sünder.

Der Sünder hat Kummer

Daß der *Sünder* zu leiden hat überrascht uns nicht. „Trübsal und Angst über jede Menschenseele, die das Böse vollbringt" (Römer 2,9). Wir sehen daraus, daß Not und Leid oft Folgen von Sünde sind. Das ist ein unumstößliches Gesetz. Obwohl der Sünder es vielleicht nicht begreift, bedeutet Sünde soviel wie Leid. „Der Tod ist der Sünde Sold" (Römer 6,23).

Warum muß der Gläubige leiden?

Aber warum sollten die *Gerechten* leiden? Warum wird nicht jeder Gläubige geheilt, und zwar sofort? Warum wird er nicht „auf Rosen gebettet"? Warum muß er „kämpfen, um den Preis zu erlangen"? Für die meisten Menschen ist es schwer zu verstehen, warum ein Gläubiger leiden muß. Das ist eines der ältesten Geheimnisse, die es gibt. Ungeachtet dieses Geheimnisses wissen wir jedoch, daß Gott Liebe ist und daß er nach 2. Korinther 4,17-18 Leid bei den Gläubigen nur zuläßt, um ihnen eine Herrlichkeit zu verschaffen, „die alle Vorstellungen übersteigt". Ohne zu leiden wird niemand je ein Heiliger, weil das Leid – richtig akzeptiert – der Weg zur Herrlichkeit ist.

Wer leidet am meisten?

Gottes Leid

Die Menschen sind nicht die einzigen im Universum, die leiden. Manche neigen zu der Vermutung, daß Gott, der die Strafe für eine Sünde anordnete, dies aus Willkür tat. Seine Anordnung treffe ihn persönlich nicht. Man mutmaßt, Gott sei völlig unberührt von dem Leid, das die Strafen, die er der sündigen Schöpfung auferlegt hat, mit sich bringe. In weiten Kreisen ist man der Ansicht, daß er die Blitze seines Zornes, die den Menschen Not und Elend bringen, aus einem sogenannten Elfenbeinturm (aus völliger Isolation) herabschleudert. Obwohl er die Welt geschaffen habe, in der jetzt das Leid regiert – so kritisiert man – bleibe er selbst von den verheerenden Wirkungen und Qualen des Leids verschont und unberührt.

Das ist jedoch nicht der Fall. Die Behauptung, daß Gott der Hauptleidtragende im Universum ist, überrascht sie vielleicht. Von Ewigkeit her – noch bevor er die Welt ins Dasein rief, bevor er die Engel oder Erzengel, die Cherubim oder Seraphim oder den ersten Menschen nach seinem Ebenbilde schuf – sah Gott den Sündenfall voraus. Schon damals plante er die Erlösung der Menschheit. Er wußte, daß dieser Plan nicht ohne Leiden für ihn selbst durchgeführt werden konnte. Außerdem wäre es nicht möglich, einen als Gott anzubeten, der selbst vor dem Leiden bewahrt bliebe, denn dann würde die Agape-Liebe, der Inbegriff göttlichen Charakters, fehlen. In der Offenbarung hält die unzählbare Schar der Verherrlichten das geschlachtete Lamm – also Gott, der als Mensch gelitten hatte – für würdig, Macht und Reichtum und Weisheit und Stärke und Ehre und Ruhm und Lobpreisung zu empfangen (Offenbarung 5,12).

Gottes Plan – eine eigene Familie

Gottes ursprünglicher Plan bei der Schöpfung war, eine eigene Familie zu bekommen, eine, die nur ihm gehörte. Sie mußte nicht nur erschaffen werden, sondern noch einmal neu gezeugt werden. „...wie er uns in ihm auserwählt hat vor Grundlegung der Welt, damit wir heilig und tadellos wären vor ihm; und aus Liebe hat er uns vorherbestimmt zur Kindschaft gegen ihn selbst, durch Jesus Christus, nach dem Wohlgefallen seines Willens" (Epheser 1,4-5). Nach dem „New Testament and Wycliffe Bible Commentary" bezieht sich der Ausdruck „vorherbestimmt zur Kindschaft" in bestimmten Bibelabschnitten auf jemanden, der in die Stellung eines leiblichen Sohnes versetzt wird. Es handelt sich um die formelle und zeremonielle Anerkennung, daß ein leiblicher Sohn das Erwachsenenalter erreicht hat. „Denn welche er zuvor ersehen hat, die hat er auch vorherbestimmt, dem Ebenbilde seines Sohnes gleichgestaltet zu werden, damit er der Erstgeborene sei unter vielen Brüdern" (Römer 8,29).

Der Zweck der Familie

Aber das war nicht alles. Die Familie sollte die ewige Gefährtin des Sohnes – auch „das Weib" oder „die Braut des Lammes" genannt – sein. Es war Gottes Plan, diese ewige Gefährtin zuzubereiten und sie nach dem Hochzeitsmahl des Lammes als Mitregentin ihres Bräutigams bis auf den Thron des Universums zu erhöhen (Offenbarung 3,21; 19,7.9). Aber Gott wußte, daß er die Braut nicht ohne unendliches Leid für ihn selbst erlangen konnte. Er wußte außerdem, daß die Braut nicht ohne Leiden auf ihre königliche Rolle vorbereitet werden konnte. Wenn Gott seine Absicht mit der Schöpfung – nämlich eine ewige Gefährtin für seinen Sohn zu erlangen – verwirklichen wollte, dann mußte er leiden. Das war unvermeidbar. Und wenn die Braut sich dazu eignen sollte, mit ihm zu regieren, dann mußte sie ebenfalls leiden. 2. Timotheus 2,12 verdeutlicht dies: „Dulden wir, so werden wir mitherrschen." Das Leiden gehört folglich zu Gottes Universum. Es hat offensichtlich eine äußerst wertvolle Funktion und muß von höchster Wichtigkeit sein.

Leiden gehört zu Gottes Ordnung

Weil Gott wollte, daß seine Braut freiwillig liebt, mußte er ihr Entscheidungsfreiheit geben. Diese Wahlfreiheit beinhaltete die Möglichkeit des Sündenfalles. Die Sünde jedoch macht Erlösung erforderlich. Erlösung wiederum beinhaltet Sühne, und Sühne schließt Leiden ein. Daher gehört das Leiden von Ewigkeit her zu Gottes Ordnung.

Der Preis freiwilliger Liebe

Als Gott seinen Schöpfungs- und Heilsplan machte, wußte er im voraus um den Sündenfall des Menschen. Er akzeptierte die unvermeidbare Tatsache unendlichen Leidens. Er akzeptierte, daß er alle Konsequenzen der gesamten Sünde der Welt mit den sich daraus ergebenden Krankheiten, den Sorgen, Leiden und Schmerzen selbst tragen mußte. Er wußte, daß er die Sünde nicht vollständig sühnen konnte, ohne selbst das Maß an Leid zu erfahren, das die ewige Gerechtigkeit für die Übertretung des universalen moralischen Gesetzes fordert. Daher plante er, als Mensch auf die Erde zu kommen. Von dem Gott-Menschen Jesus wird uns gesagt: „Und er hat in den Tagen seines Fleisches Bitten und Flehen mit starkem Geschrei und Tränen dem dargebracht, der ihn vom Tod retten konnte, und ist auch erhört und befreit worden von dem Zagen. Und wiewohl er Sohn war, hat er doch an dem, was er litt, den Gehorsam gelernt" (Hebräer 5,7-8). Er wußte außerdem vorher, daß dies in derselben Art und Weise des Leidens zu geschehen hatte, wie es die Sünde des Sünders mit sich brachte.

Kein Buchführungsvorgang

Daß Gott das unvermeidliche Erleiden der vollen Strafe und aller Folgen der gesamten Sünden aller Menschen freiwillig akzeptierte, um eine ewige Gefährtin zu erlangen, ist eine logische und notwendige Begleiterscheinung des Sühneopfers. Hätte Jesus die volle Strafe für die Sünde der Menschen nicht tatsächlich an seiner eigenen Person erfahren, wäre das Sühneopfer lediglich eine Art Buchführungsvorgang gewesen. Dies hätte der ewigen Gerechtigkeit aber in keinerlei Hinsicht Genüge getan. Ewige Gerechtigkeit konnte nicht fortdauern, wenn die Sünde der Menschen nur ignoriert worden wäre. Nach allgemeingültigem Recht *mußte* jemand die Strafe für jede Sünde der gesamten Menschheit bezahlen, um den Anforderungen des Gesetzes gerecht zu werden. Darum wird von Christus, dem Lamm aus Offenbarung 13,8, gesagt, daß er „geschlachtet ist von Grundlegung der Welt an". Das Leiden gehört zu einem Universum, das von Gott nach seinen moralischen Maßstäben regiert wird. Man könnte also von einem „sittlichen" Universum sprechen.

Ein „sittliches" Universum

Drei Arten von Liebe

Was ist ein „sittliches" Universum? Es ist ein Universum, in dem das Gesetz der Liebe an höchster Stelle steht, denn die Liebe ist die Erfüllung des Gesetzes. Sie erfüllt jede Verpflichtung gegenüber jedem Wesen im Universum, sowohl gegenüber Gott als auch gegenüber den Menschen und den Engeln. Daher ist die Agape-Liebe der grundlegendste Wesenszug einer moralischen Ordnung. Es gibt drei griechische Worte, die mit „Liebe" übersetzt werden: „eros" – die geschlechtliche Liebe; „philia" – die freundschaftliche Liebe; und „agape" – die Liebe, die dem Wesen Gottes entspricht. Agape ist die Liebe, die aus ihrem eigenen Wesen heraus liebt und nicht aufgrund der Vortrefflichkeit oder des Wertes des anderen. Nach dem Bibellexikon ist sie eine spontane, automatische Liebe. Ein Beispiel: Die Sonne scheint ebenso auf duftende Blumengärten wie auf stinkende Misthaufen, weil sie ihrem Wesen nach nun einmal scheint. Sie kann nicht anders. Genauso umfaßt Gottes Liebe sowohl gute als auch schlechte Menschen. Sie gibt Sonne und Regen über Gerechte und Ungerechte (Matthäus 5,45). „Gott ist Liebe" (1. Johannes 4,8). Er ist die Liebe in Person. Er besteht aus Liebe; Liebe ist sein Wesen. In 1. Korinther 13 steht eine göttlich inspirierte Beschreibung der Agape-Liebe. Sie ist demnach nicht primär ein Gefühl, sondern eifrige, wohlwollende, opferbereite Freundlichkeit. Sie bildet die Seele der Moral.

Die Allmacht der Liebe

Weil Gott Liebe (Agape) ist, muß die Liebe das eine, all-mächtige Prinzip im Universum sein. Andernfalls wäre Gott nicht Gott. Logisch ergibt sich dieser Schluß folgendermaßen: Gott ist allmächtig. Gott ist Liebe. Daher ist die Liebe allmächtig. Wenn es sich so verhält, dann ist die Liebe das alles überdauernde, ewig währende, höchste Prinzip des Universums. Satan forderte dieses Prinzip heraus und verlor. Gemäß Offenbarung 12 gab es im Himmel einen Krieg, wobei Satan und seine Engel hinausgestoßen wurden. Satan glaubt aber noch immer, daß brutale Gewalt mächtiger ist als Liebe. Er ist die Macht hinter dem Tier der Offenbarung und erwartet nach den Aussagen des modernen Satanismus immer noch die Entthronung Gottes.

Nach der „Satansbibel" ist das Kreuz ein Zeichen der „am Baum hängenden Unfähigkeit". In den „Satanischen Ritualen" wird Satan der „erhabene Prinz der Finsternis" genannt, „welcher die Erde regiert". Er gilt auch als derjenige, der Christus die Initiative entrissen hat. Christus selbst wird als „Bethlehems ewige Schande", „verfluchter Nazarener", „unfähiger König", „unsteter und stummer Gott", „gemeiner und verhaßter Heuchler der Majestät Satans" bezeichnet.

Demgegenüber wird Satan „Luzifer, Beherrscher der Welt" genannt, der „die christlichen Speichellekker taumelnd ins Verderben stürzen wird". Er wird außerdem als „Herr des Lichtes" beschrieben, „vor dem die Engel Christi, die Cherubim und Seraphim, voller Furcht erbeben und niederfallen, wenn er die Tore des Himmels zerschmettert".

Das Buch der Offenbarung sagt jedoch etwas ganz anderes. Es beschreibt den Kampf zwischen dem wilden Tier – dem Symbol für brutale Gewalt – und dem geschlachteten Lamm. Der Kampf endet mit der ewigen Verbannung des Tieres. Das Lamm setzt sich zusammen mit seiner Braut als seine Mitherrscherin auf den Thron des Universums. Die Liebe hat gesiegt! Die Himmel werden mit großem Krachen vergehen, und die Elemente werden im Feuer schmelzen. Die Erde und die Werke, die auf ihr getan wurden, werden verbrennen. „Das Alte vergeht, und irdische Throne und Reiche fallen." Ein neuer Himmel und eine neue Erde, in denen Gerechtigkeit wohnt, werden das zerstörte und geläuterte Universum ersetzen. Dann wird nur das, was aus Liebe getan wurde, bestehen bleiben. Diese Liebe ist auch jetzt – gerade in diesem Augenblick – das höchste Gesetz des Universums. Sie wird alle ihre Feinde überdauern.

Der Sinn unseres irdischen Lebens

Aus diesem Grunde ist das Erlernen der Agape-Liebe, wie sie sich in Christus darstellt, das höchste Ziel unseres Erdenlebens. Darin liegt die Bedeutung alles dessen, was Gott im Leben seiner Kinder zuläßt. Gott befaßt sich im jetzigen Zeitalter nicht vornehmlich damit, das Universum „durch die gewaltige Kraft seines Wortes" zu lenken. Vielmehr lehrt er die Glieder seiner Brautgemeinde die Agape-Liebe, um sie für den Thron vorzubereiten. Alles, was er auf dem Gebiet der Erlösung tut, hängt damit zusammen. Daher gebraucht Gott jede einzelne Sache, sei es Freude oder Leid, Glück oder Unglück, Schmerz oder Wonne, ausnahmslos für die Zubereitung der Brautgemeinde sowie für ihr Wachsen in der Agape-Liebe. Folglich ist das höchste Ziel unseres Erdenlebens eben nicht Vergnügen, Ruhm, Reichtum oder irgendeine andere Form weltlichen Erfolgs. In der höchsten, endgültigen Sozialordnung des Universums wird nicht aufgrund eines Talentes, einer anziehenden Persönlichkeit, intellektuellen Scharfsinns, irdischen Erfolges und Einflusses bestimmt, welche Stellung man erhält, sondern nur aufgrund eines einzigen Prinzips: der Agape-Liebe.

„Aber Jesus...sprach: Ihr wisset, daß die Fürsten der Völker sie unterjochen, und daß die Großen sie vergewaltigen; unter euch aber soll es nicht so sein, sondern wer unter euch groß werden will, der sei euer Diener; und wer unter euch der Erste sein will, der sei euer Knecht, gleichwie des Menschen Sohn nicht gekommen ist, sich dienen zu lassen, sondern damit er diene und sein Leben gebe zum Lösegeld für viele" (Matthäus 20,25-28).

Liebe leidet

Es gibt keine Liebe ohne Selbsthingabe. Es gibt keine Selbsthingabe ohne Schmerz. Folglich gibt es keine Liebe ohne Leiden. Das Leiden ist ein wesentlicher Bestandteil der Agape-Liebe und daher eines sittlichen Universums. Selbst Gott kann nicht lieben, ohne daß es ihn etwas kostet. Glauben Sie, Gott könne nicht leiden? Dann überdenken Sie einmal, was es ihn gekostet haben muß, seinen einzigen Sohn zu geben und als Opfer für die Sünde am Kreuz sterben zu lassen. Bedenken Sie, was es ihn gekostet haben muß, sein Angesicht von seinem unschuldigen Sohn abzuwenden und ihn zu verlassen, ihn, der keine Sünde tat, sondern um unseretwillen zur Sünde wurde! (2. Korinther 5,21). Und bedenken Sie auch, was es ihn gekostet haben muß, am Kreuz das volle Maß seines Zornes wegen der gesamten Sünde aller Menschen über ihn auszugießen (Hebräer 2,9).

Liebe leidet freiwillig

Der Apostel Paulus sagte: „Die Liebe ist langmütig" (1. Korinther 13,4). Darin ist freiwilliges Leiden eingeschlossen. Liebe, die freiwilliges Leiden nicht akzeptiert, ist keine wahre Liebe. Das Wesen der Liebe ist nämlich Selbstaufgabe, also Zurückstellung der eigenen Person zugunsten einer anderen. Es kann keine Selbstaufgabe ohne die willentliche Annahme des Leidens geben. Absolut betrachtet, gibt es niemanden, der nicht leidet. Die leidende Liebe ist der Eckstein des Universums, weil es ohne sie keine Selbstaufgabe und daher keine Agape-Liebe gibt. Jemand, der niemals freiwillig gelitten hat, ist durch und durch egoistisch. Nur wer viel gelitten hat, ist wahrhaft gütig. So etwas wie einen Heiligen, der nicht gelitten hat, gibt es nicht.

Rechtmäßige Erlösung

Rechtmäßige Erlösung durch das Leiden Christi

Weil Christus keine vollständige Sühne für die Sünde schaffen konnte, ohne die gesamten Folgen auf sich zu nehmen, kann kein Mensch jemals einen Schmerz, einen Kummer oder eine Enttäuschung erleiden, die Christus nicht bereits am eigenen Leib erfahren hat.

Jesaja 53, das großartige Kapitel über das Sühnopfer Jesu, erklärt: „Wahrlich, unsere Krankheit trug er, und unsere Schmerzen lud er auf sich … er wurde durchbohrt um unserer Übertretung willen, zerschlagen wegen unserer Missetat; die Strafe, uns zum Frieden, lag auf ihm, und durch seine Wunden sind wir geheilt" (Jesaja 53,4-5). Im Zusammenhang mit Jesu Heilungen schreibt Matthäus: „Er hat unsere Gebrechen weggenommen und die Krankheiten getragen" (Matthäus 8,17).

In Jesaja 53,6 steht: „Wir gingen alle in der Irre wie Schafe, ein jeder wandte sich auf seinen Weg; aber der Herr warf unser aller Schuld auf ihn." Also wurde die ganze Strafe – all die Sorgen, Leiden, Schmerzen, Armut und Krankheiten – alle Folgen sämtlicher Sünden des ganzen Adamsgeschlechtes auf ihn gelegt. Was bedeutet dies nun für den leidenden Gläubigen? Es bedeutet, daß jeder wiedergeborene Christ rechtsgültig von der vollen Strafe, von allen bitteren Früchten der Sünde und des Sündenfalles erlöst ist. Die Strafe kann nicht ein zweites Mal verhängt werden. Der Prophet sagte: „Durch seine Wunden sind wir geheilt." Wenn das der Fall ist, dann ist jeder Gläubige legal von aller Krankheit, allem Leiden, allen

Schmerzen und Sorgen, aller Armut und allen Behinderungen jeglicher Art erlöst.

Was ist rechtmäßige Erlösung?

Durch Adams Fall wurden alle seine Nachkommen auf Gedeih und Verderb zu Sklaven Satans und mußten akzeptieren, daß er die Macht des Todes über sie besaß. Jesus wurde aber ohne menschlichen Vater von der Jungfrau Maria geboren und war daher kein ausschließlicher Sohn Adams. Deswegen verfügte Satan nicht über das Recht, ihn anzurühren. Bis dahin hatte Satan Millionen von Menschen ungestraft getötet. Als er aber Jesus unrechtmäßig am Kreuz umbrachte, wurde er zum ersten Mal in der Geschichte vor dem Gesetz zum Mörder und erhielt dafür selbst das Todesurteil. Eine zum Tode verurteilte Person hat aber jeden Rechtsanspruch verloren. Sie ist vor dem Gesetz vernichtet. Genau das meint der Schreiber des Hebräerbriefes, wenn er sagt, daß Jesus durch seinen Tod „den außer Wirksamkeit setzte, der des Todes Gewalt hat, nämlich den Teufel" (Hebräer 2,14). Folglich besitzt Satan seit Golgatha keine rechtmäßige Autorität mehr über die Gläubigen. Ihr Glaube hat sie aus der Gewalt der Finsternis (Satans Autorität) in das Reich des Sohnes seiner Liebe versetzt (Kolosser 1,13).

Obwohl Satan rechtens vernichtet worden ist und keine rechtmäßige Autorität über den Gläubigen besitzt, gebraucht Gott ihn als Widersacher, um die Braut im Überwinden und im Erlernen der Agape-Liebe zu üben. Wenn Gott daher Satan erlaubt, eines seiner Kinder zu betrüben, dann nicht, weil Satan irgendein legales Recht dazu hätte, sondern damit das

Kind Gottes sich im Überwinden übt und die Tiefe der Agape-Liebe kennenlernt. Weil Satan alle seine Ansprüche auf Golgatha verlor, ist jedes Gotteskind von Rechts wegen von aller Qual und Unterdrückung befreit. Das, was Gott noch zuläßt, dient ausschließlich der Zurüstung seiner Kinder. Der Apostel Paulus hatte dies verstanden, als er sagte, daß unsere leichte Trübsal uns eine ewige und über alle Maßen gewichtige Herrlichkeit verschafft (2. Korinther 4,17-18).

Wenn jemand durch den Glauben hier und jetzt von der Trübsal erlöst wird, dann hat er den Sieg davongetragen. Wenn die Symptome bleiben und er eine neue Dimension der Agape-Liebe gelernt hat, dann hat er ebenfalls den Sieg davongetragen, weil seine Standhaftigkeit sich auf seine Stellung in der Ewigkeit auswirkt.

Der allumfassende Charakter des Sühneopfers

Das Wort Gottes offenbart eine vollkommene Theologie der Gesundheit und des Wohlstands. Vom 1. Buch Mose bis zum Buch der Offenbarung enthält die Bibel die frohe Botschaft, daß im Sühneopfer Jesu alles vorhanden ist, was wir für Zeit und Ewigkeit, für Leib, Seele und Geist brauchen. Nichts kann umfassender sein als die Aussage in Philipper 4,19: „Mein Gott aber befriedige alle eure Bedürfnisse nach seinem Reichtum in Herrlichkeit, in Christus Jesus!" Ebenso das Wort in 3. Johannes 2: „Mein Lieber, ich wünsche dir in allen Stücken Wohlergehen und Gesundheit, wie es deiner Seele wohlgeht!" Diese Verheißungen werden durch Tausende andere Verheißungen erläutert und unterstützt, die Gottes gehorsamem Volk Gesundheit und Wohlstand garantieren.

Eine klare Theologie der Gesundheit und des Wohl-
stands

Gott versprach Israel von Anfang an sowohl weltliche
als auch geistliche Segnungen für den Fall, daß es gehorsam war. „Wirst du der Stimme des Herrn, deines
Gottes, gehorchen und tun, was vor ihm recht ist, und
seine Gebote zu Ohren fassen und alle seine Satzungen halten, so will ich der Krankheiten keine auf dich
legen, die ich auf Ägypten gelegt habe; denn ich, der
Herr, bin dein Arzt!" (2. Mose 15,26). Lesen Sie dazu
auch 3. Mose 26,3-10 und 5. Mose 28.

In den Berichten über die Heilungswunder Jesu in
den Evangelien und über die der Apostel in der Apostelgeschichte wird dieses Thema fortgesetzt. Es enthält eine klare Bestätigung in Jakobus 5,14-15: „Ist jemand von euch krank, der lasse die Ältesten der Gemeinde zu sich rufen; und sie sollen über ihn beten
und ihn dabei mit Öl salben im Namen des Herrn.
Und das Gebet des Glaubens wird den Kranken retten, und der Herr wird ihn aufrichten; wenn er Sünden begangen hat, so wird ihm vergeben werden."

Die Urgemeinde – Gottes Muster

Es scheint im Wort Gottes eine ebenso eindeutige
Theologie der Gesundheit und des Wohlstands wie eine der Erlösung zu geben. Viele glauben wie ich, daß
die Gemeinde des ersten Jahrhunderts Gottes Muster
für die gesamte nachfolgende Zeit war. Der Heilige
Geist wirkt heute noch wie damals. Es ist Gottes Absicht, daß alle Gaben des Geistes in der Gemeinde
von heute in einem ähnlichen Ausmaß wie in der Ur-
gemeinde gegenwärtig und wirksam sind. Viele sind

aufgrund der Heiligen Schrift davon überzeugt, daß Gott seinen gehorsamen Kindern vor allem Gesundheit und Wohlstand geben möchte. Er würde uns bestimmt gern dauerhafte Gesundheit schenken.

Wie könnte es anders sein? Der Herr lehrte seine Jünger, folgendermaßen zu beten: „Dein Wille geschehe wie im Himmel, also auch auf Erden" (Matthäus 6,10). Wir sind sicher, daß es im Himmel weder Krankheit noch Armut gibt. Beide sind ein Ergebnis des Sündenfalls. Es kann sich bei ihnen nicht um Gottes ursprünglichen Willen handeln, weil die Sünde und alle ihre Auswirkungen gegen seinen Willen gerichtet sind. Das ganze Universum bewegt sich auf eine Sozialordnung zu, in der es weder Sünde noch ihre Auswirkungen geben wird (Offenbarung 21,4-5 und 22,2-5). Deswegen können sie nicht nach Gottes Willen für seinen Herrschaftsbereich sein. Das ganze Handeln Gottes richtet sich doch darauf, die Sünde mitsamt ihren Folgen aus allen Bereichen seiner erlösten Schöpfung auszuscheiden.

Aber wenn all diese Aussagen der Wahrheit entsprechen, warum sollte ein gehorsames Kind Gottes dann noch leiden? Nicht weil Gott das Leid als solches wollte; auch nicht, weil er keinerlei Vorkehrungen für dessen Abschaffung getroffen hätte, sondern weil das letztendliche Ziel des Universums eine Sozialordnung mit der Agape-Liebe als höchstem Gesetz ist.

Das Geheimnis des Leidens

Liebe ist der Maßstab des Universums

Gott beruft eine ewige Gefährtin, die Braut, und bereitet sie zu, weil sie in den kommenden Zeitaltern als Mitregentin neben dem Sohn auf seinem Thron sitzen soll (Offenbarung 3,21). Um sie für diese hohe Stellung vorzubereiten, müssen die Mitglieder der Brautgemeinde dem Sohn ähnlich werden. Und zwar so sehr, wie das Endliche dem Unendlichen nur ähnlich werden kann. Wenn sie ihre erhabenen Pflichten wahrnehmen wollen, müssen sie sich dem Wesen Gottes, der Agape-Liebe, angleichen. Das ist der Maßstab des Universums. Nach diesem Ideal arbeitet Gott auf die ewige Sozialordnung hin. Aber dieser Wesenszug kann, wie wir gesehen haben, im gefallenen Menschen nicht ohne Leiden entwickelt werden.

Herrlichkeit und Leiden

So wird die nachfolgende inspirierte Aussage des Paulus verständlich: „Dulden wir, so werden wir mitherrschen" (2. Timotheus 2,12). Nach Römer 5,3-5 dient Leiden der Charakterbildung, und Charakter ist eine Voraussetzung für die Fähigkeit zu herrschen. Weil es ohne Leiden keine wahre Persönlichkeitsentwicklung gibt, ist das Leiden eine notwendige Vorbereitung dazu.

Was der Sündenfall bewirkte

Als Adam noch nicht gefallen war, bezeichnete Gott ihn als „sehr gut". Aber dann fügte der Sündenfall Adam und all seinen Nachkommen gewaltigen Schaden zu: er machte den Menschen zu einem egoistischen Wesen. Egoismus ist der eigentliche Kern aller Sünde und allen Elends und führt zur Zerstörung der eigenen Person. Er ist der Ursprung der Feindschaft. Feindschaft wiederum ist das Kennzeichen und Wesen der Hölle. Egoismus bildet den genauen Gegensatz zu Heiligkeit oder Agape-Liebe, dem Kennzeichen und Wesen des Himmels.

Die Notwendigkeit der Entthronung des Ichs

Um einen Menschen in das Ebenbild seines Sohnes umzugestalten, muß Gott das Ich dieses Menschen entthronen. Das beginnt mit der Rechtfertigung und Wiedergeburt und setzt sich fort in der Heiligung bzw. der Erfüllung mit dem Heiligen Geist. Aber das kann nicht alles sein. Es handelt sich hier nur um Anfangserfahrungen. Sie gleichen einer Eingangshalle, die sich wohl dazu eignet einzutreten, aber nicht dazu, sich dauernd darin aufzuhalten. Das Werk der Heiligung, der Entthronung des Ichs, findet nicht in einem Augenblick statt, sondern setzt sich weiter fort. Es ist sowohl Wendepunkt als auch lebenslänglicher Prozeß. „...weil ich davon überzeugt bin, daß der, welcher in euch ein gutes Werk angefangen hat, es auch vollenden wird bis auf den Tag Jesu Christi" (Philipper 1,6).

Der Sinn des Leidens

Würde Gott bei der Errettung eines Menschen lediglich beabsichtigen, ihn in den Himmel zu bringen, dann würde er das vermutlich auf direktem Wege tun. Aber Gott will den Menschen auf die Herrschaft in einem unendlichen Universum vorbereiten, und das erfordert charakterliche Qualitäten. Ohne Leiden und Züchtigung ist es unmöglich, in der Heiligung und in der Entwicklung eines gottähnlichen Charakters und der Agape-Liebe Fortschritte zu erzielen. „Aber nicht nur das, sondern wir rühmen uns auch in den Trübsalen, weil wir wissen, daß die Trübsal Standhaftigkeit wirkt; die Standhaftigkeit aber Bewährung, die Bewährung aber Hoffnung; die Hoffnung aber läßt nicht zuschanden werden; denn die Liebe Gottes ist ausgegossen in unsere Herzen durch den heiligen Geist, welcher uns gegeben worden ist" (Römer 5,3-5).

„Mein Sohn, achte nicht gering die Züchtigung des Herrn und verzage nicht, wenn du von ihm gestraft wirst! Denn welchen der Herr lieb hat, den züchtigt er, und er geißelt einen jeglichen Sohn, den er aufnimmt! Wenn ihr Züchtigung erduldet, so behandelt euch Gott ja als Söhne; denn wo ist ein Sohn, den der Vater nicht züchtigt? Seid ihr aber ohne Züchtigung, derer sie alle teilhaftig geworden sind, so seid ihr ja unecht und keine Söhne! ... Denn jene haben uns für wenige Tage gezüchtigt, nach ihrem Gutdünken; er aber zu unsrem Besten, damit wir seiner Heiligkeit teilhaftig werden. Alle Züchtigung aber, wenn sie da ist, dünkt uns nicht zur Freude, sondern zur Traurigkeit zu dienen; hernach aber gibt sie eine friedsame Frucht der Gerechtigkeit denen, die dadurch geübt sind" (Hebräer 12,5b-8.10-11).

Züchtigung und Erziehung

Aus den vorangegangenen und ähnlichen Abschnitten der Heiligen Schrift ist ersichtlich, daß Leiden, Drangsal und Schmerz im Leben eines Gläubigen nicht hauptsächlich der Bestrafung, sondern der Erziehung dienen. Sie haben ihren guten Sinn. Menschliche Eltern können bei der Züchtigung ihrer Kinder Fehler machen und tun das auch oft, Gott jedoch nicht. Er bereitet die Gläubigen für die Aufgabe zu, in einem unermeßlichen und scheinbar unendlichen Universum zu herrschen. Es sieht so aus, als könne Gott das Ich des gefallenen Menschen ungeachtet der Wiedergeburt, der Heiligung bzw. der Erfüllung mit dem Heiligen Geist nicht vollständig entthronen, ohne dazu das Mittel des Leidens anzuwenden. Watchman Nee sagte, daß wir nur durch Not etwas Neues über Gott lernen. Manche halten das für übertrieben, aber es scheint, daß ohne Druck nur wenige nach einer tieferen Gemeinschaft mit Gott trachten.

Das Beispiel Israel

Die Geschichte Israels ist dafür ein Beispiel. In Zeiten des Wohlstands hörte es auf, Gott allein anzubeten, und verfiel in einen ausschweifenden Götzendienst. Nur die Züchtigung bewirkte, daß das Volk seine Sünden bereute und zu Gott zurückkehrte. Jahrhundertelang trachtete Gott nach einem reinen Überrest, der den Messias hervorbringen sollte. Aber immer wieder stellte sich derselbe Kreislauf ein: Wohlstand, Entgleisung und Abfall, Züchtigung, Buße und Rückkehr zu Gott (Richter 2,11-19; 1. Samuel 12,9-10; 2. Chronika 15,4; 33,12; Jesaja 26,16).

Das Beispiel des Psalmisten

Die Erfahrung des Psalmisten veranschaulicht dies ebenfalls: „Ehe ich gedemütigt ward, irrte ich, nun aber befolge ich dein Wort. … Es war gut für mich, daß ich gedemütigt wurde, auf daß ich deine Satzungen lernte" (Psalm 119,67.71). Wer von uns kennt nicht Menschen mit christlichem Hintergrund, die sich weit von Gott entfernt hatten und durch einen Herzanfall, Krebs, einen tragischen Unfall oder ein anderes schlimmes Unglück zu ihm umkehrten?

Das Beispiel Jesu Christi

In Hebräer 2,10 finden wir eine der erstaunlichsten Aussagen über den Sinn des Leidens im Heilsplan Gottes: „Denn es ziemte dem, um dessentwillen alles und durch den alles ist, als er viele Kinder zur Herrlichkeit führte, den Anführer ihres Heils durch Leiden zu vollenden." In Hebräer 5,8 heißt es: „Und wiewohl er Sohn war, hat er doch an dem, was er litt, den Gehorsam gelernt." In bezug auf Christus meint Maclaren: „Bei seiner Vervollkommnung handelte es sich nicht um die Vervollkommnung seines sittlichen Charakters, sondern um die Vollendung seiner Zurüstung zu seinem Werk als Urheber der Errettung. Bevor er litt, besaß er göttliches Erbarmen. Nach seinem Leiden besaß er das Mitgefühl eines Menschen." Im „New Testament and Wycliffe Bible Commentary" steht: „Das Leiden vervollständigte seine menschliche Erfahrung … Weil er gelitten hatte, konnte er den Menschen als *archegos* (Urheber, Anführer) ihrer Erlösung dienen." Die „vielen Kinder", die Christus zur Herrlichkeit und Mitherrschaft bringen sollte, mußten durch Leiden für die Herrlichkeit vorbereitet und vervollkommnet werden. Deshalb mußte ihr Führer ihnen vorangehen, indem er seine menschliche Erfahrung auf dieselbe Weise vervollkommnete.

Die Bedeutung des Zerbruchs

Das Leiden Christi ließ seine menschliche Erfahrung rein und vollkommen werden. Es diente nicht der Reinigung seines sittlichen Wesens, denn er war sündlos. Keine Sünde befleckte jemals seine Menschlichkeit. Ganz anders verhält es sich aber bei gefallenen Menschen. Ein Mensch kann nur durch Leiden in das Bild Jesu umgestaltet werden, weil sein Ich nur so entthront werden kann. In dem Maße, in dem der Mensch nicht leiden will, dem Leiden entflieht und sich weigert, sein altes Leben und sein Ich ans Kreuz zu geben, bleibt er hart, egoistisch, unzerbrochen und daher Christus unähnlich. „Menschen, die nicht zerbrochen wurden, sind für Gott kaum zu gebrauchen" (J. R. Miller). Man kann zwar durch eigene Anstrengung einem gewissen Maß an Schmerz entfliehen, nämlich dem Schmerz, den eine freiwillige Selbsthingabe mit sich bringt. Aber dadurch wird man Opfer eines weitaus größeren Schmerzes, nämlich der Selbstvergötterung. Beidem zugleich kann man nicht entfliehen. Jemand sagte einmal: „Es gibt Dinge, die nicht einmal Gott für uns tun kann, ohne Leid zuzulassen."

Der Schmerz der moralischen Entscheidung

Oswald Chambers sagte: „Gott macht uns nicht heilig, was den Charakter anbelangt; er macht uns im

Sinne der Schuldlosigkeit heilig, und wir müssen diese Schuldlosigkeit durch eine Reihe sittlicher Entscheidungen in einen heiligen Charakter verwandeln. Diese inneren Entscheidungen stehen fortwährend im Widerstreit mit unserem natürlichen Leben."

Es gibt also keinen geistlichen Fortschritt ohne fortschreitendes Absterben des ichbezogenen Lebens. Maclaren sagte, jeder Schritt auf dem schmalen Weg des geistlichen Fortschritts werde durch die blutigen Fußspuren verletzter Eigenliebe gekennzeichnet. Im gesamten Verlauf seines geistlichen Wachstums wird man immer wieder Altäre errichten müssen, auf denen sogar das berechtigte Eigenleben geopfert werden muß.

Moralische Entscheidungen zu treffen, um Gott ähnlicher zu werden, verursacht immer Schmerz, weil man trotz der Heiligung, der Erfüllung mit dem Heiligen Geist, noch ein gefallenes Wesen ist. Manche Menschen glauben, nach den anfänglichen Erfahrungen der Gnade bleibe nichts in ihrem geistlichen Leben zurück, mit dem Gott nicht einverstanden wäre. Aber das Werk der Heiligung ist sowohl augenblickliches Ereignis als auch fortschreitender Prozeß. Er wird andauern, bis wir in die himmlische Herrlichkeit aufgenommen worden sind.

Sheridan Baker, ein Schriftsteller der frühen Heiligungsbewegung, sagte: „Nachdem dieser Zustand (Wiedergeburt und das Erfülltsein mit dem Heiligen Geist) erreicht ist, gibt es für den Gläubigen noch viel zu tun auf dem Weg der Züchtigung, Zerschmelzung und Reifung. Folglich geht es nicht um einen endgültig erreichten Zustand innerhalb des Erlösungsprozesses ... Der gereinigte Gläubige wird bald Ungeschliffenes in seinem Verhalten feststellen, es bedauern und davon ablassen. Er wird das Grobe in seinem Reden und im Ton seiner Stimme entdecken und es ändern, weil es ihm mißfällt. So wird er auch andere Auswirkungen der alten Krankheit bei sich finden, die – obwohl die Krankheit selber entfernt wurde – zwar immer noch an ihm kleben, denen er aber allmählich entkommen wird, wie es die Eroberung Kanaans so wunderbar symbolisiert."

Geistlicher Stillstand ist ein Mangel

Einer der größten Mängel der Gemeinde beruht auf der Ansicht, Gnade sei etwas Statisches. Die Frucht des Weinstocks befindet sich immer an den neuen Trieben. Aus diesem Grunde wird der Weinstock beschnitten. Ohne neue Triebe gibt es wenig oder keine Frucht. Darum sagte Jesus: „Jegliches Schoß an mir, das keine Frucht bringt, nimmt er weg; jedes fruchtbare aber reinigt er (beschneidet er), damit es mehr Frucht bringe" (Johannes 15,2). Wenn der Zweig fühlen könnte, wäre das Beschneiden schmerzhaft. Aber ohne Leiden gäbe es weder Wachstum noch geistliche Frucht.

Annie Johnson Flint hat diese Wahrheit in wunderbare Worte gefaßt:

Der Zweig ist's, der die Frucht trägt
und das Messer spürt,
das ihn reinigt zu Wachstum
und reichem Leben.

Jeder knospende Zweig wird beschnitten,
und jede Anmut der schwingenden Ranke,
der sprießenden Blätter
muß eine Zeitlang verschwinden.

Du, dessen Leben der Freude beraubt scheint,
des Schönen entkleidet,
dessen Trachten im Staub liegt,
völlig zerschlagen und zerrissen:

Freue dich, obwohl jeder Wunsch, jeder Traum,
jede deiner Hoffnungen
dahinfällt und zerrinnt;
es ist die Hand der göttlichen Liebe,

die das Messer hält, die schneidet und bricht
und doch so einfühlend mit dir umgeht,
damit die Frucht deines Lebens
sich mehre.

Selbstmitleid ist Verschwendung

Wie bedeutsam sind doch die Worte Jesu in Johannes
15,1: „Mein Vater ist der Weingärtner" – nicht Satan,
sondern „mein Vater"! Wenn man Gottes gute Absicht in den Sorgen und Leiden nicht erkennt – mögen
sie als Folge eines Konfliktes bei sittlichen Entscheidungen, als Folge von Schmerz, körperlicher Krankheit oder enttäuschenden Umständen kommen –, beginnt man leicht zu hadern und sich selbst zu bemitleiden. Frustrationen und Depressionen sind das Ergebnis. Wer das zuläßt, wird in seinem geistlichen Leben
unterliegen. Sein inneres Wesen wird Schaden erleiden. *Er vergeudet das Leid.* Was Gott zugelassen hat,
um ihn von Eigenliebe und Selbstvergötterung zu befreien, was also seinem geistlichen Wachstum dienen
sollte, ist ihm zum Verlust geworden.

Trost im Schmerz

Wie oft ist man versucht zu zweifeln oder sogar zu klagen über die Jahre des Unvermögens, der Invalidität und der Schmerzen im Leben von Heiligen wie Madame Guyon, Amy Carmichael und anderen, aus deren Leid Gott Millionen von ermüdeten Pilgern Trost, Heilung und Kraft zukommen ließ. Die folgenden Zeilen drücken sehr schön aus, wie Gott häufig Sorgen in Segen für andere umwandelt:

> Aus den Pressen des Schmerzes
> kommt der Seele bester Wein;
> und Augen, die wenig Regen vergossen,
> geben kaum Sonnenschein.

Dies ist natürlich nur ein Bild für die zeitliche Situation, nicht für die „ewige und über alle Maßen gewichtige Herrlichkeit", die man nur sieht, wenn man den Blick „auf die Dinge" richtet, „die man nicht sieht".

Charakterfestigung durch Schmerz

Leid jeglicher Ursache und Art und jeglichen Ausmaßes wirkt sich – wenn es froh bejaht wird – positiv auf unser inneres Wesen aus (Römer 5,3-4). Dieses Wesen (die Agape-Liebe) ist die „Münzwährung", das „gesetzliche Zahlungsmittel" des Himmels. „Denn unsere Trübsal, die zeitlich und leicht ist, verschafft uns eine ewige und über alle Maßen gewichtige Herrlichkeit", also eine hohe Stellung. Trübsal, die hier auf Erden siegreich bejaht wird, verschafft uns im Himmel eine hohe Stellung, und zwar, weil dies der Weg Gottes ist, ein selbstloses Wesen aufzubauen und Agape-Liebe zu entwickeln. Siegreich bejahtes

Leiden tötet das Eigenleben, erlöst von der Ichbezogenheit und befreit zum Lieben.

Diejenigen, die so gelitten haben, werden die Elite, die Aristokratie, den regierenden Adel der Zukunft bilden. Sie werden einmal die Fürsten des Himmels sein.

Gesegnet sei das Leid

Um charakterlich wachsen zu können, muß man verstehen, daß Gott für sein Kind nie ohne Absicht „Gutes" oder „Böses" zuläßt. Alles ist darauf angelegt, daß sich das Gotteskind völlig Gott überläßt. „Das ganze Leben ist als Pfad zu Gott gedacht" (Maclaren). Alles dient dem Zweck der Persönlichkeitsbildung. Da gibt es *keine* Ausnahmen. Gott „schläft noch schlummert nicht" (Psalm 121,4). Weil Gott alles sieht, kann sich Satan nicht in den „blinden Winkel" schleichen. Er kann Gott nicht überrumpeln. Einzig und allein dieser Glaube wird uns dazu befähigen, die Aussage „Gesegnet sei das Leid" zu begreifen.

Gesegnet seien Enttäuschung und Schmerz

Gott kann einen Menschen nicht zubereiten, ohne ihn zeitweilig im Dunkeln zu lassen und zu verwirren. Offensichtlich verfolgt Gott bestimmte Absichten, die ohne Enttäuschung und grundlos scheinenden Schmerz nicht erlangt werden können. Ohne offene Selbstverleugnung kommt der Glaube nicht zur Vollendung. Hiobs Glaube wurde auf diese Art vervollkommnet. Er konnte sagen: „Der Herr hat gegeben, der Herr hat genommen, der Name des Herrn sei gelobt" (Hiob 1,12).

Diese Art von Glauben ist nicht von greifbarer Erfüllung abhängig. Sie kann nur entwickelt werden, wenn der Glaube aufs äußerste getestet wird. Gott kann einen solchen Glauben nur in jemandem entwickeln, indem er sich scheinbar widerspricht. Offenbar muß Gott manchmal sogar so widersprüchlich erscheinen wie gegenüber Hiob. Er muß manchmal untreu erscheinen wie im Falle Abrahams, der Isaak opfern sollte, obwohl Gottes Verheißung und Gebot sich dadurch ins Gegenteil zu verkehren schienen. Abraham wurde mit seinem Glauben bis direkt an den Rand des Abgrunds geführt. Und das bedeutete Leiden – wahrscheinlich das unerträglichste Leiden überhaupt!

Das Geheimnis ausgebliebener Heilung

Viele Heilung suchende Menschen werden gerade von dieser Art Leiden heimgesucht. Sie erkennen, daß es eine vollkommene Theologie der Heilung gibt. Sie wissen, daß das Sühneopfer Jesu allumfassend ist. Sie glauben fest, daß Jesus ihre Krankheiten auf sich geladen und ihre Schmerzen getragen hat. Sie sind davon überzeugt, daß sie rechtmäßig von jeder Bedrängnis durch den Teufel befreit sind. Dennoch scheint der Glaube, der spürbare Befreiung von den Symptomen bringt, unerreichbar. Manchmal dauert das Jahre – sogar bis zum Tod. Manche werden geheilt, viele nicht. Manche bekommen den Glauben und werden wunderbar wiederhergestellt, viele jedoch nicht.

Größerer Glaube

Der größte ewige Lohn

Bis vor kurzem war ich während meines Dienstes der festen Überzeugung, sofortige übernatürliche Heilung und Befreiung bringe Gott in jedem Fall mehr Ehre und dem Menschen einen größeren ewigen Lohn als andauerndes Leiden. Für diejenigen, die geheilt werden, trifft dies vermutlich zu. Aber kann es sich für diejenigen, die keine Heilung erfahren, nicht anders verhalten? Diese Sicht hat etwas für sich. Wenn das Ziel des Universums die Fähigkeit zur Agape-Liebe ist und diese Fähigkeit nicht ohne Drangsal hervorgebracht werden kann, wird die Schule des Leidens dann nicht sowohl in Zeit wie in Ewigkeit ein ebenso wünschenswertes, wenn nicht sogar besseres Ergebnis erzielen? Die Antwort liegt in unserer Reaktion auf Gottes Erziehungsmaßnahmen. Reagieren wir mit Unmut und Rebellion, so leiden wir vergebens. Demütige Annahme und Zerbrochenheit hingegen ermöglichen die Schaffung einer „über alle Maßen gewichtigen Herrlichkeit".

Heiligkeit wächst mit dem Leid

Es ist durchaus nicht ungewöhnlich, daß die größten Heiligen – also diejenigen, die den größten Beitrag zum Reich Gottes auf Erden geleistet haben – auch am meisten leiden mußten. Die Welt hätte niemals von Madame Guyon gehört, die Kirche wäre niemals durch die Frucht ihres Lebens bereichert worden, und die Ewigkeit wäre vielleicht ärmer gewesen, hätte sie nicht über ihr Leid gesiegt. Wenn jemals ein Mensch den Segen des Leids hätte vergeuden können, so war sie es. Ihr beispielloser Gehorsam verwandelte ihr Leiden jedoch in Persönlichkeit und übte einen unauslöschlichen Einfluß auf den französischen Schriftsteller und Theologen Fénelon und das geistliche Leben der nachfolgenden Generationen aus. Was aber noch bedeutsamer ist: es bereicherte vermutlich sogar den Himmel. Wäre eine Heilung Madame Guyons von den Pocken und ihre Verschonung von den vielen Demütigungen und Sorgen, die die Krankheit nach sich zog, besser für das Reich Gottes gewesen? Hätte das Christus mehr Ehre gemacht? Hätte sie dadurch eine höhere ewige Stellung erlangt?

Agape-Liebe – tiefer als der Glaube, der Berge versetzt

Wahrscheinlich wurde Madame Guyons Beitrag zum Reich Gottes mehr durch die Art und Weise, in der sie über jegliche Not siegte, geprägt, als es durch eine wunderbare Heilung möglich gewesen wäre. Vielleicht freute sich Gott mehr über ihren völligen Gehorsam und ihren zuversichtlichen Glauben an die Weisheit und Güte ihres Herrn als über einen festen Glauben an eine wunderbare Heilung und Befreiung. Glaube, der von Herzen sagen kann: „Der Herr hat's genommen; sein Name sei gelobt", ist in Gottes Augen vielleicht kostbarer als Glaube, der Berge versetzt, weil er aus einer selbstlosen Liebe heraus entsteht. Die Worte des Apostels unterstreichen das: „Wenn ich mit Menschen- und Engelzungen rede, aber keine Liebe habe, so bin ich ein tönendes Erz oder eine klingende Schelle. Und wenn ich weissagen kann und alle Geheimnisse weiß und alle Erkenntnis habe, und wenn ich allen Glauben besitze, so daß ich Berge versetze, habe aber keine Liebe, so bin ich nichts" (1. Korinther 13,1-2). Die unaussprechliche Liebe zu ihrem Herrn befähigte Madame Guyon, über Leiden, Schmerzen und große Not – den Verlust ihrer Kinder und Angehörigen eingeschlossen – zu triumphieren.

In ihrer Biographie schreibt Madame Guyon: „Ich will mit meiner Geschichte fortfahren. Die Pocken hatten eines meiner Augen so angegriffen, daß sein Verlust zu befürchten war. Die Drüse im Augenwinkel war geschädigt. Zwischen Nase und Auge entstand von Zeit zu Zeit ein Geschwür, das mich sehr schmerzte. Mein Kopf schwoll in einem solchen Ausmaß an, daß mir sogar das Kopfkissen unerträglich war. Das leiseste Geräusch quälte mich. Trotzdem herrschte manchmal ziemlicher Lärm in meinem Zimmer. Dessenungeachtet war mir diese Zeit aus zweierlei Gründen kostbar. Erstens, weil ich in meinem Bett in Frieden gelassen wurde und dort ungestört für mich sein konnte. Zweitens, weil sie eine Antwort auf mein Verlangen nach Leiden war. Dieses Verlangen war so groß, daß alles körperliche Ungemach nur ein Tropfen Wasser auf einen heißen Stein zu sein schien. In der Tat waren meine damaligen gesundheitlichen Probleme sehr groß, aber sie stillten das Sehnen nach dem Kreuz nicht. Nur du allein, gekreuzigter Heiland, kannst das Kreuz wirklich wirksam machen für den Tod des Ichs. Andere wollen sich nur erfreuen an Bequemlichkeit und Spaß, an

Pracht oder Vergnügen – an ihren armseligen zeitlichen Himmeln. Meine Wünsche haben sich gänzlich einem anderen Weg zugewandt, nämlich dem stillen Weg des Leidens für Christus, um durch die Tötung all dessen, was von Natur aus in mir ist, mit ihm vereint zu werden. Mögen meine Sinne, das heißt mein Wünschen und mein Begehren, jenen Dingen gestorben sein und machtvoll in Ihm leben."

Könnte es sich so verhalten, daß die vielen Menschen, die Heilung suchen und sie nicht finden, eine ebenso große oder sogar größere Gelegenheit haben, Gott zu verherrlichen? Wäre das möglich, wenn sie ihr Leid ebenso siegreich annehmen und auch eine solche Liebe entwickeln würden wie diese Frau?

Die Glaubenshelden aus Hebräer 11

Hebräer 11 verdeutlicht diesen Punkt. Die Verse 32 bis 35a beschreiben die Glaubenshelden, die auf wunderbare Weise befreit wurden. In der außerbiblischen Literatur gibt es nichts Vergleichbares. Unter anderem ist die Rede von aufsehenerregenden Rettungsaktionen wie der von Daniel aus der Löwengrube und von den drei Jünglingen aus dem Feuerofen. Aber hier wird auch von übernatürlicher Heilung gesprochen: Schwachheit verwandelte sich in Kraft (V. 34); sogar Tote standen wieder auf (V. 35a).

Ab Vers 35b wird freilich eine andere Gruppe von Glaubenshelden aufgezählt: „Andere aber ließen sich martern und nahmen die Befreiung nicht an, um eine bessere Auferstehung zu erlangen. Andere erfuhren Spott und Geißelung, dazu Ketten und Gefängnis; sie wurden gesteinigt, verbrannt, zersägt, erlitten den Tod durchs Schwert, zogen umher in Schafspelzen

und Ziegenfellen, erlitten Mangel, Bedrückung, Mißhandlung" (Verse 35b bis 37). Nach Vers 39 haben
„diese alle, obschon sie hinsichtlich des Glaubens ein
gutes Zeugnis erhielten ... das Verheißene nicht erlangt".

Heldenhaftes, treues Ausharren

Glaubt jemand, daß jene, die befreit wurden, ein besseres Glaubenszeugnis erhielten als jene, die nicht befreit wurden? Zweifelt jemand daran, daß diejenigen,
die durchhielten, ohne befreit zu werden, ein gleich
hohes oder gar höheres Maß an Liebe zeigten als diejenigen, die sich einer wunderbaren Hilfe erfreuten?
In der ewigen Sozialordnung steht doch das Gesetz
der Liebe an erster Stelle. Ist es dann nicht möglich,
daß die unzähligen Heiligen, deren aufopfernde Liebe sich in Mangel, Bedrückung, Mißhandlung und „in
den Höhlen und Löchern der Erde" erwies, denen
gleichwertig sind, die wunderbar befreit wurden?
Könnte es sich beim Austeilen des Lohnes beim Preis-
gericht nicht so verhalten, daß jene, die froh den
„Kelch des Leidens" tranken, indem sie Not, Leid
und Schmerz erduldeten, eine vergleichbare Stellung
erlangen oder eine höhere als jene, die der Not durch
ein übernatürliches Eingreifen entgingen?

Was bedeutet „mit Christus leiden"?

Wenn wir an die Trübsale denken, von denen Paulus
sagt, daß sie „uns eine ewige und über alle Maßen gewichtige Herrlichkeit verschaffen", dann denken wir
wahrscheinlich an schlimme Verfolgungen oder an
den Märtyrertod. Es heißt, in den vergangenen fünf-

undzwanzig Jahren seien mehr Menschen um Christi willen verfolgt worden, hätten mehr Menschen den Märtyrertod erlitten als in irgendeinem vergleichbaren Abschnitt der Geschichte. Vielleicht müssen manche von uns ihren Glauben und ihre Liebe noch unter Beweis stellen, indem sie die Märtyrerkrone entgegennehmen. Aber momentan sind die meisten Gläubigen in unserem Land nicht den Gefahren für Leib und Seele unterworfen, denen die Christen in den kommunistischen Ländern ausgesetzt sind. Bei uns sind die gegenwärtigen Trübsale der Gläubigen körperlicher oder finanzieller Art, oder sie betreffen innere Konflikte. Ist diese Art von Leiden in „unsere leichte Trübsal", von der Paulus sagt, sie verschaffe uns Herrlichkeit, mit eingeschlossen? Meinte er dies, als er sagte: „Dulden wir, so werden wir mitherrschen" und: „...wenn anders wir mit ihm leiden, auf daß wir auch mit ihm verherrlicht werden"? (Römer 8,17).

Die Antwort darauf könnte lauten, daß es nicht immer die *Art* der Trübsal ist, die ihren geistlichen Wert bestimmt, sondern vielmehr die *Länge ihrer Dauer* und die *Reaktion des Menschen* darauf. Ob es sich um ein Leiden für und mit Christus handelt, wird vielleicht nicht so sehr durch die Art und Intensität bestimmt, als vielmehr durch die innere Haltung, mit der man dem Leiden begegnet. So mögen zum Beispiel folgende Lebensumstände ebenso Gelegenheit bieten, geistliche Stärke und Liebe zu entwickeln, wie dies eine harte Verfolgung um Christi willen vermag: das liebevolle Zusammenleben mit einem gefühllosen Mann, einer streitsüchtigen, ungläubigen Frau oder einem undankbaren, ungeratenen Kind; das jahrelange – manchmal lebenslängliche –, aufopfernde Zusammenleben mit einem hilf- und hoffnungslosen Invaliden.

Jede Trübsal soll dazu dienen, einen Menschen näher zu Gott zu führen. Sie soll größeren Gehorsam, stärkere Hingabe, zunehmende Geduld, wachsende Schönheit des Geistes und selbstlosere Liebe zu Gott und den Menschen bewirken. Wenn Trübsal das erreicht, kann sie als Leiden mit und für Christus bezeichnet werden; denn durch sie konnte Christus sein Ziel im Leben des betreffenden Menschen erreichen. Vielleicht muß Gott Menschen ein Leben lang in Zucht nehmen, um in ihnen den wahren Märtyrergeist hervorzubringen. Wenn Leiden jeglicher Art in jemandem ein größeres Maß an Agape-Liebe bewirkt, handelt es sich dann nicht in der Tat um ein „Leiden mit Christus"?

Wer duldet, triumphiert

Kann das Leiden, das man im Augenblick erfährt und von dem man lange und ernsthaft Befreiung gesucht hat, einen Menschen befähigen, sich der edlen Schar der Glaubenshelden aus Hebräer 11 anzuschließen? Ist es möglich, sich diesen tapferen Helden beizugesellen, indem man seiner Krankheit oder anderen Situationen selbstverleugnend, duldsam und siegesgewiß gegenübertritt? Anscheinend hat Madame Guyon genau das getan. Könnte nicht der Geist, in dem sie ihren Trübsalen und Sorgen siegreich begegnete und Christus Ehre brachte, auch für andere beispielhaft sein, die nicht von ihrem Leiden befreit wurden? Wie viele Menschen suchen Heilung und finden sie nicht? Könnten sie ihre Trübsal nicht durch eine angemessene innere Haltung des Erduldens und der

Tapferkeit in „eine ewige und über alle Maßen gewichtige Herrlichkeit" verwandeln, wie das bei jenen Glaubenshelden aus Hebräer 11 geschah? Die Antwort lautet „ja", wenn sie ihren Leiden ebenso gegenübertreten!

Geduldiges Mühen

Manche meinen, ein Leben, das durch den Märtyrertod jäh beendet wird, sei ein größeres Zeugnis unsterblicher Liebe als ein langes Leben der Treue in den gängigen Nöten und Drangsalen des täglichen Lebens. Aber erwirkt Gott beim Gläubigen nicht ein ähnliches Maß an selbstloser Hingabe und opferbereiter Liebe durch das geduldige Ertragen der immer wiederkehrenden Sorgen, der Leiden, Enttäuschungen, Kümmernisse und Schmerzen als Teil seiner liebevollen Erziehung? Wenn das der Fall ist, würden diejenigen, die Widrigkeiten gehorsam und unter Lob und Dank annehmen, durch ihren Sieg über das Leid in ihrer ewigen Stellung den Märtyrern gleichen. Wenn sie sich in der Schule des Leidens richtig verhalten, können sie sich die gleiche Qualität der Agape-Liebe aneignen und werden ebenso auf die Herrschaft vorbereitet, wie wenn sie das Martyrium auf sich nähmen.

Andererseits kommen Selbstmitleid, Depression und Rebellion einer Verschwendung des Leids gleich. Diejenigen, die erfolglos Heilung gesucht und sich dann dem Groll, der Unzufriedenheit, der Ungeduld und der Bitterkeit gegenüber Gott überlassen haben, vergeuden, was Gott als Gelegenheit zum Wachstum in der Liebe gedacht hatte.

Die große Lebensaufgabe: das Erlernen der Agape-Liebe

Vorbereitung auf eine hohe Stellung

Vielleicht benötigt Gott in seinem Reich einige Heilige für bestimmte, sehr spezielle Aufgaben. Und vielleicht kann er solche Heilige nur bekommen, indem er zuläßt, daß sie schreckliche Verluste, Sorgen und Schmerzen erleiden. In diesem Fall brauchen sich diejenigen, die vergeblich nach Heilung suchten, nicht dem Selbstmitleid, der Depression und der Hoffnungslosigkeit hinzugeben – auch dann nicht, wenn andere in ihrer Umgebung vom Leiden befreit werden. Möglicherweise hat Gott sie in seinem Reich für eine höhere Stellung vorgesehen, die nur durch die Schule des Leidens erlangt werden kann. Diese Schule bringt nämlich eine reinere, vortrefflichere Liebe hervor. Würden sich die Leidenden nun Mutlosigkeit, Groll und Rebellion überlassen, so wäre ihr Leid sinnlos. Statt dessen haben sie das Vorrecht, Nutzen daraus ziehen zu können. Der Apostel Paulus sagt, in demjenigen, der das Leiden vom Herrn annimmt und darin froh sein kann, verwandle es sich in eine ewige Herrlichkeit, die nicht mit der leichten und zeitlich begrenzten Trübsal zu vergleichen sei (Römer 5,3 und 2. Korinther 4,17). Wer nicht geheilt wird, muß keineswegs mit einer zweitrangigen Staatsbürger-

58

schaft vorliebnehmen. Statt dessen mag für ihn in der Ewigkeit eine höhere Stellung und größerer Ruhm vorgesehen sein.

Unsere Zeit ist in Gottes und nicht in Satans Hand
(Psalm 31,15)

Im Leben eines gehorsamen Gotteskindes geschieht nichts „zufällig". Alle wiedergeborenen Gläubigen werden auf das Herrscheramt vorbereitet. Gott selbst überwacht die Ausbildung der ewigen Gefährtin seines Sohnes, die nach dem Hochzeitsmahl des Lammes die regierende Oberschicht bilden soll. „Die durchbohrten Hände drehen das Rad der Geschichte weiter und gestalten die Lebensumstände des einzelnen" (Maclaren).

Jeder Schmerz hat seinen Grund

Gott wählt die Werkzeuge und Instrumente selbst aus, von denen er weiß, daß sie notwendig sind, um die Braut für ihre einzigartigen Aufgaben in seinem Reich zu schulen. Jemand sagte, die Drehbank mit den schärfsten Drehstählen bringe die besten Werkstücke hervor. Wenn Gott einen Heiligen formt, benutzt er auf seiner Drehbank ebenfalls die schärfsten Drehstäbe. Er kann niemanden gestalten, ohne ihm wehzutun, aber der Schmerz hat immer seinen Sinn. Alles wird im Hinblick auf die ewige Berufung ausgewählt.

„Solches ist von mir geschehen"

In ihrem Kommentar zu 1. Könige 12,24 hat Laura A. Barter Snow diese Wahrheit wunderbar ausgeführt.

Unter der Überschrift „Solches ist von mir geschehen" schreibt sie:

„Mein Kind, ich habe heute eine Botschaft für dich. Ich will sie dir ins Ohr flüstern. Sie soll nämlich alle Sturmwolken, die sich erheben, mit Herrlichkeit bekleiden. Die rauhen Stellen, auf die du vielleicht treten mußt, soll sie ebnen. Die Botschaft ist kurz, nur fünf Worte lang. Aber nimm sie dir zu Herzen. Gebrauche sie als Kissen, auf das du dein müdes Haupt legen kannst. Die Botschaft lautet: ‚Solches ist von mir geschehen.'

Hast du jemals darüber nachgedacht, daß alles, was dich betrifft, auch mich betrifft? Denn ‚wer euch antastet, der tastet seinen Augapfel an' (Sacharja 2,12). ‚Du bist teuer in meinen Augen' (Jesaja 43,4). Darum ist es meine besondere Freude, dich zu erziehen.

Wenn Versuchungen dich überfallen und der Feind hereinbricht wie eine Sturmflut, sollst du wissen, daß dies von mir geschieht, daß deine Schwachheit nach meiner Kraft verlangt und daß deine Sicherheit darin liegt, mich für dich kämpfen zu lassen.

Befindest du dich in einer schwierigen Lage? Umgeben dich Menschen, die dich nicht verstehen, die nicht nach deiner Meinung fragen und dich in den Hintergrund schieben? Solches ist von mir geschehen. Ich bin Herr über die Umstände. Du bist nicht zufällig in dieser Lage. Gerade hier will ich dich haben.

Hattest du nicht gebeten, ich möge dich demütig machen? Also habe ich dich gerade in jene Schule gestellt, in der du das lernen kannst. Deine Umwelt und Mitmenschen führen nur meinen Willen aus.

Bist du in Geldschwierigkeiten? Kannst du nur schwer auskommen? Solches ist von mir geschehen, denn ich will, daß du dich von deinem Geldbeutel befreist. Du sollst dich nur auf mich verlassen. Mein Reichtum ist unbegrenzt (Philipper 4,19). Ich will, daß du meine Verheißungen auf die Probe stellst. Laß nicht von dir gesagt werden: ‚Aber in dieser Sache wolltet ihr dem Herrn, eurem Gott, nicht vertrauen‘ (5. Mose 1,32).

Durchlebst du eine Nacht voller Schmerzen? Solches ist von mir geschehen. Ich bin ‚der Mann der Schmerzen‘ und mit Krankheit vertraut. Ich habe es zugelassen, daß dich irdische Tröster enttäuschten, damit du dich mir zuwendest und ewigen Trost erlangst (2. Thessalonicher 2,16-17). Hast du danach verlangt, etwas Großes für mich zu tun? Mußtest du statt dessen in Schmerzen und Schwachheit aufs Krankenlager? Solches ist von mir geschehen. Du warst so beschäftigt, daß ich deine Aufmerksamkeit nicht anders erringen konnte. Ich will dich nämlich eine meiner tiefsten Lektionen lehren. ‚Auch diejenigen dienen, die nur stillstehen und warten.‘ Einige meiner bedeutendsten Arbeiter sind diejenigen, die vom aktiven Dienst ausgeschlossen wurden, damit sie mit der Waffe des Gebets umgehen lernten.

Heute lege ich dieses Gefäß mit heiligem Öl in deine Hände. Mache reichlich Gebrauch davon, mein Kind. Salbe damit jede Situation, die sich ergibt – jedes Wort, das dich schmerzt, jede Unterbrechung, die dich ungeduldig machen will, jede Offenbarung deiner Schwachheit. Der Schmerz wird vergehen, wenn du lernst, mich in allen Dingen zu sehen.“

Gott ist unablässig am Werk

Solche Gedanken bekommen erst ihren Sinn, wenn wir erkennen, daß Gott im Blick auf die Ewigkeit an uns wirkt. Die Zubereitung der Braut für den Thron ist – abgesehen von der Vorbereitung ihrer Wohnstätte mit den vielen Wohnungen (Johannes 14,2-3) – Gottes einzige Beschäftigung. Keine andere Kosmologie ergibt einen Sinn und stimmt mit dem Wort überein (Römer 8,28). Gemäß dieser Kosmologie dient alles, was Gott von Ewigkeit her tat, und alles, was er jetzt in seinem unendlichen Herrschaftsbereich tut, der Vorbereitung der Braut auf ihre Funktion im Himmel. Gott ist unablässig mit der Vorbereitung seines Reiches für die Braut und umgekehrt beschäftigt.

Alles, was einem Glied der Brautgemeinde zustößt, ist sorgfältig durchdacht „nach dem Reichtum seiner Gnade, die er gegen uns überfließen ließ in aller Weisheit und Einsicht" (Epheser 1,7-8). Wenn also Sorgen oder Leiden kommen, darf man wissen, daß sie nicht zufällig oder unkontrolliert kommen. Sie sind so geplant und dienen dem ewigen Wohlergehen, der Förderung und dem Ruhm des Gläubigen.

Die hohe Stellung der Erlösten

Es ist leicht, an der Kosmologie zu zweifeln, derzufolge das ewige Ziel des Universums die Gemeinde ist. Auch die überragende Bedeutung, die ein einzelner Gläubiger vor Gott besitzt, mag leicht in Frage zu stellen sein. Wenn jemand begreifen will, warum Gott ausgerechnet an ihm so überaus großes Interesse hat, sollte er sich die Tatsache vor Augen führen, daß die erlöste Menschheit im Universum die höchste Ordnung unter den Geschöpfen neben der Dreieinigkeit darstellt. Der Beweis dafür ist, daß jeder Wiedergeborene in die Familie Gottes hineingeboren wurde.

„Durch die Wiedergeburt werden wir echte Mitglieder der ureigensten Familie Gottes (Epheser 3,15) und seine leiblichen Kinder (1. Johannes 3,2). Wir werden ‚der göttlichen Natur teilhaftig‘ (2. Petrus 1,4) und sind dann von Gott gezeugt, das heißt, wir haben Gottes ‚Erbmasse‘ in uns, seinen ‚Samen‘ (1. Petrus 1,3.23 und 1. Johannes 5,1.18). Durch die neue Geburt werden wir folglich – ich sage das mit großer Ehrfurcht – die ‚nächsten Verwandten‘ der Dreieinigkeit. Wir haben hier eine völlig neue, einzigartige und besondere Ordnung von Wesen, eine ‚neue Art‘ vor uns. Nirgendwo im Universum gibt es Vergleichbares." (aus: Billheimer, Für den Thron bestimmt)

Alle anderen Wesen im Universum wurden nur erschaffen. Die erlöste Menschheit ist sowohl erschaffen als auch gezeugt.

Die einzige stichhaltige Erklärung für das Universum

Wenn ein wiedergeborener Mensch versteht, wer er ist und wie Gottes Plan für ihn aussieht, kann er besser begreifen, warum Gott sich so unendlich viel Mühe mit ihm gibt. Er ist Gottes eigenes, geliebtes Kind (1. Johannes 3,2)! Die Güte des Vaters gilt der ganzen Schöpfung vom Höchsten bis zum Geringsten. Seine Liebe schließt alle ein – vom kleinsten Insekt, das sich einige Stunden in der Sonne badet und dann für immer verschwindet, bis zum höchsten Erzengel in der himmlischen Herrlichkeit. Aber nur die erlösten Menschen sind Hausgenossen Gottes (Epheser 2,19) und gehören zu seiner Familie. Und aus diesem Grund kümmert sich Gott so sehr um jeden einzelnen von den Seinen, daß er sogar die Haare auf unserem Kopf zählt. Dies – und nur dies – macht das Universum verständlich. Es ist die einzige Kosmologie, die einen Sinn ergibt. Das ganze unermeßliche Universum mit seinen zahllosen Gestirnen ist nicht *an sich* so wichtig. Alles leitet seinen Wert aus der Beziehung zu Gottes Plan und Ziel für seine eigene Familie ab. Und weil ein einziges Haar auf dem Haupt eines seiner Kinder nun einmal zu dessen Körper gehört, bedeutet es für Gott mehr als die vielen Planetensysteme mit ihren strahlenden Sonnen, Monden und Sternen, die den Himmel erfüllen und sich auf ihren Bahnen durch den Weltraum bewegen.

Keine Phantasie

Was immer Gott irgendwo in seinem Universum tut, dient nicht lediglich einer Darbietung seiner Macht. Es gilt auch nicht den Bewohnern des Weltraums oder den Engelheeren. Es geschieht allein um seiner eigenen Familie, also um seiner Hausgenossen willen. Wenn er ein neues Sonnensystem erschafft, geschieht es um ihretwillen. Wenn er Engel erschafft, dann geschieht auch das für sie (Hebräer 1,14). Als er auf Golgatha sein Leben gab, galt dies nicht den Engeln oder Erzengeln, den Cherubim oder Seraphim, noch irgendwelchen anderen Bewohnern der unsichtbaren Welt. Es geschah für die Menschen, die nach seinem Bild erschaffen wurden und seiner Braut angehören. „Sehet, welch eine Liebe hat uns der Vater erzeigt, daß wir Gottes Kinder heißen sollen! ... Noch ist nicht offenbar geworden, was wir sein werden; wir wissen aber, daß, wenn Er offenbar werden wird, wir Ihm ähnlich sein werden" (1. Johannes 3,1-2).

Eine verblüffende Kosmologie

Diese Kosmologie verblüfft den menschlichen Verstand. Aber sie ist die einzige stichhaltige Erklärung für das Universum, es sei denn, die Worte der Heiligen Schrift sind bedeutungslos. „Was kein Auge gesehen und kein Ohr gehört und keinem Menschen in den Sinn gekommen ist, was Gott denen bereitet hat, die ihn lieben" (1. Korinther 2,9). Nur der Geist, der alles erforscht, „auch die Tiefen der Gottheit" (1. Korinther 2,10), kann dies mit Bedeutung erfüllen. Der Gläubige muß erkennen, wer er ist. Er muß begreifen, daß jedes gute oder schlechte Ereignis lediglich Gottes Weg ist, ihn möglichst gut auf das zukünftige Herrscheramt vorzubereiten. Er muß verstehen lernen, daß seine ewige Stellung um so höher sein wird, je strenger die Ausbildung ist. Nur dann kann er mit dem Apostel Paulus „Gott allezeit danken für alles" und sich der Trübsal rühmen, die ihm „eine ewige und über alle Maßen gewichtige Herrlichkeit" verschafft. Allein dieser Glaube kann den Gläubigen davor bewahren, sein Leiden zu verschwenden.

Gottes Methode der Unterweisung in der Agape-Liebe

Diese Art von Glauben veranlaßte J. R. Miller zu schreiben: „Menschen, die nicht zerbrochen wurden, sind für Gott kaum zu gebrauchen." Sie sind „kaum zu gebrauchen", weil sie nicht genug Agape-Liebe haben. Miller sagt, Agape-Liebe müsse erlernt werden. Darin besteht die große Aufgabe des Lebens, weil das Gesetz der Liebe das höchste Gesetz der Ewigkeit ist! Aber diese Liebe muß innerhalb zeitlicher Grenzen erlernt werden, und zwar hier auf der Erde in der dafür passenden Umgebung. Alle Umstände des Lebens sind auf einen einzigen Zweck hin ausgerichtet: Sie sollen den Menschen dazu befähigen, Agape zu lernen, um in Ewigkeit dem Gesetz der Liebe gemäß herrschen zu können. Natürliche Zuneigung muß man nicht erst erlernen. Aber Agape-Liebe kann man sich nur dadurch aneignen, daß man völlig zerbricht und ohne Groll leidet.

„Die Lahmen machen Beute"

Nur wenige wissen, daß George D. Watson, eine führende Persönlichkeit in der frühen Heiligungsbewegung, einen bösen Niedergang seines anfänglichen Dienstes miterleben mußte. Viele Jahre später, als die Katastrophe ihr sühnendes und reinigendes Werk in seinem Leben getan hatte, sagte er, Gott gebrauche jene Menschen zu seiner Ehre, die völlig zerbrochen sind – zerbrochen am Reichtum, am Eigensinn, an ihrem Ehrgeiz, ihren schönen Idealen, ihrem Ruf vor der Welt, ihren Zuneigungen und häufigen gesundheitlichen Problemen. Diejenigen, die verachtet sind, die hilflos und völlig verlassen erscheinen, werden vom Heiligen Geist ergriffen und zu Gottes Ehre gebraucht: „Die Lahmen machen Beute" (Jesaja 33,23c).

Henry Ward Beecher, der in seinem Leben ähnliches erlebte, sagte: „Fürchte dich nicht zu leiden. Habe keine Angst zu unterliegen. Durch Züchtigung und nicht durch Vernichtung, durch Zerbruch – und zwar durch völligen Zerbruch – werden Menschen stark und mächtig."

Die Zeit – Vorhof zur Ewigkeit

Diese Aussage steht in völligem Widerspruch zur modernen Psychologie. Sie ergibt auch keinen Sinn, wenn man nicht die Kosmologie des Apostels Paulus vor Augen hat. Diese geht davon aus, daß das Unsichtbare das Reale und die Zeit nur der Vorhof zur Ewigkeit ist. Der modernen Psychologie zufolge braucht man ein starkes Ich, um in dieser selbstsüchtigen Welt Erfolg zu haben. Aber in der zukünftigen Sozialordnung steht das Gesetz der Liebe, der Uneigennützigkeit und Selbstlosigkeit an höchster Stelle.

Um in dieser Sozialordnung seinen Zweck erfüllen zu können, muß man von seinem Ich erlöst werden. Das erfordert einen Zerbruch, der – richtig angenommen – völlige Befreiung von der Selbstsucht gewährleistet. Das ist die Grundlage der Agape-Liebe. Die Liebe von Golgatha, jene Liebe, die Christus an das Kreuz brachte, ist die höchste Anforderung für das Ausüben der Herrschaft in der zukünftigen Weltordnung. Diese Art von Liebe lernt man nur in der Zeit und in einer gefallenen Welt, und zwar, indem man sich zerbrechen läßt. Die Aufgabe der erhöhten Braut wird darin bestehen, dem liebenden Wesen Gottes im ganzen Universum bis in alle Ewigkeit Ausdruck zu verleihen.

Die zerbrochene Geige

J. R. Miller beschreibt in einem seiner Bücher das Prinzip, den Wert und den Nutzen des Zerbruchs auch im Blick auf die gegenwärtige Weltordnung. Er erzählt von einem weltbekannten Geiger, der bei dem berühmtesten Geigenbauer seiner Zeit eine Geige bestellte. Zur verabredeten Zeit holte der Geiger das bestellte Instrument ab. Er nahm es in seine Hand und strich geschickt mit dem Bogen über die Saiten. Große Enttäuschung stand ihm im Gesicht – die Qualität des Klanges befriedigte sein künstlerisches Ohr überhaupt nicht. Er hob die Geige hoch, zerschlug sie auf dem Tisch, zahlte den vereinbarten Preis und ging.

Nach einiger Zeit besuchte der Künstler den Geigenbauer erneut. Er nahm eine Geige auf, die zufällig auf dem Tisch lag, und strich wiederum mit dem Bogen über die Saiten. Diesmal war er von der hinreißenden Schönheit des Klanges entzückt. Erstaunt vernahm er, daß es dieselbe Geige war, die er zerschlagen hatte. Der Geigenbauer hatte die einzelnen Teile des zertrümmerten Instruments sorgfältig aufgelesen und die zerbrochene Geige mit viel Geschick wieder repariert. Jetzt genügte die Schönheit und die Brillanz ihres Klanges den strengen Anforderungen des Künstlerohres.

Was heißt Zerbruch?

Man ist nicht zerbrochen, bevor nicht jeglicher Groll und Widerstand gegen Gott und die Menschen beseitigt ist. Jemand, der sich ärgert, Anstoß nimmt oder sich für Kritik, Widerstand oder mangelnde Anerkennung rächt, ist nicht zerbrochen. Alle Selbstrechtfertigung und Selbstverteidigung verrät einen ungebrochenen Geist. Jegliche Unzufriedenheit und jeder Ärger im Blick auf die Umstände und Situationen, in die man gestellt wurde, zeigt, daß man nicht zerbrochen ist. Wirklicher Zerbruch erfordert gewöhnlich Jahre der Prüfung, des Kummers und des Leidens. So wird der Eigenwille überwunden; und so entsteht auch ein hohes Maß an Hingabe und Gehorsam, ohne die nur wenig Agape-Liebe möglich ist.

Zerbruch öffnet uns für Gott

Watchman Nee sagte, Gott wolle uns durch sein Handeln „klein" machen. Er tue dies, weil jegliches Vertrauen auf das eigene Können für den Glauben an Gott und für das Vertrauen auf ihn verhängnisvoll sei. Folglich muß Gott den Menschen dazu bringen, an sich selbst zu verzweifeln. Erst dann kann er dessen Not begegnen.

In unzerbrochenem Zustand ist der Mensch von sich selbst – seinen Plänen, Neigungen und Werturteilen – erfüllt. Dies geht oft so weit, daß nur wenig Raum für Gott bleibt. Dann kann Gott erst zur tiefen Wirklichkeit werden, wenn der Mensch seine egoistischen Wünsche und Pläne ablegt, also von sich selbst entleert wird. Bevor es dazu kommt, muß man gewöhnlich erst erschütternde Dinge durchmachen und das Vertrauen auf sich selbst vollständig verloren haben.

Das Absterben des menschlichen Ichs

George D. Watson erläutert in seinem Buch „A deeper Death to Self", was das bedeutet:

„Es gibt nicht nur ein Der-Sünde-abgestorben-Sein, sondern in vielen Dingen auch ein Ersterben des eigenen Ichs – eine fortwährende Kreuzigung im Kleinen. Dabei geht es um die Entfaltung und Anwendung all jener Prinzipien der Selbstverleugnung, denen der Gläubige bei seiner vollständigen Hingabe an Christus grundsätzlich zugestimmt hat. Hiob war ein vollkommener Mensch und jeder Sünde abgestorben; aber durch sein schweres Leid starb auch er noch seinem eigenen religiösen Leben. Er starb seiner eigenen Liebe, seiner eigenen Theologie und allen eigenen Ansichten über Gottes Vorsehung. Er starb einer großen Anzahl weiterer Dinge, die an sich keine Sünde sind, aber einer noch tieferen Gemeinschaft mit Gott im Wege standen.

Nach seiner Bekehrung und Erfüllung mit dem Heiligen Geist brauchte Petrus eine besondere Vision von Gott, damit er seiner traditionellen Theologie und der jüdischen Exklusivität starb. Das höchste Maß an Selbstverleugnung, Kreuzigung und Hingabe an Gott wird erst *nach* der Reinigung des Herzens erreicht. Es gibt eine Vielzahl von Dingen, die keine Sünde sind. Nichtsdestoweniger verhindert unsere Bindung an sie die weitestgehende Kraftwirkung des Heiligen Geistes und die umfassendste Zusammenarbeit mit Gott. In seiner unendlichen Weisheit nimmt Gott uns an die Hand und läßt uns durch die Kreuzigung des inneren Menschen unseren positiven Seiten sterben. Das geschieht im Blick auf unsere überragende Vernunft, unsere größten Hoffnungen, unsere tiefsten Neigungen, unsere religiösen Ansichten, unsere liebsten Freundschaften, unseren frömmsten Eifer, unsere geistliche Motivation, unsere begrenzte Bildung, unsere Glaubensbekenntnisse, unseren Erfolg, unsere religiösen Erfahrungen und das, was uns geistlichen Trost gibt. Die Kreuzigung hört erst dann auf, wenn wir allem gestorben und nicht mehr gebunden sind an Geschöpfe, andere Gläubige, Gedanken, Hoffnungen, Pläne, Sehnsüchte, Interessen, Schwierigkeiten, Enttäuschungen. Gleichermaßen hat die Kreuzigung ein Ende, wenn wir unabhängig sind von Lob und Tadel, Erfolg und Versagen, Tröstungen und Ärgernissen, von den klimatischen Bedingungen und von der Staatsangehörigkeit, von jedem Verlangen, außer dem Verlangen nach Gott. Das jeweils notwendige Maß der inneren Kreuzigung ist dabei sehr verschieden. Von zehntausend Gläubigen erreicht vielleicht nur einer jenes Maß des Abgestorbenseins, das Paulus, Madame Guyon und ähnliche Heilige erlangten. Im Unterschied zur Reinigung des Herzens geschieht die Kreuzigung des Ichs stufenweise. Sie zieht sich über Monate und Jahre hin. Der innere Mensch wird immer wieder in denselben Punkten zum Absterben gebracht, bis er ihnen gegenüber einen Zustand göttlicher Ungerührtheit erlangt. Eine große Schar von Gläubigen erlangte die Reinigung des Herzens. Dennoch mußte jeder einzelne über lange Zeit auf vielerlei Weise täglich seinem Ich sterben. Danach erst fand er jene ruhige, stete Gemeinschaft mit dem Heiligen Geist, nach der sich ein Kind Gottes so sehr sehnt. Wiederum im Unterschied zur Reinigung des Herzens, die durch den Glauben geschieht, findet dieses Absterben des Ichs hauptsächlich durch Leiden statt. Die Heilige Schrift lehrt das hinreichend, und die harten Erfahrungen Tausender bestätigen es.

Josef war ein geheiligter Mann, bevor er ins Gefängnis geworfen wurde. Aber hier durchdrang das Schwert seine Seele. Durch sein Leiden starb sein Ich vollkommen. Es gibt eine ganze Anzahl von Schriftstellen, die wie Psalm 71,19-21 besagen, daß durch Leiden ein hohes Maß an Heiligung erreicht wird. Die bemerkenswerteste von ihnen ist vielleicht Römer 5,1-5. Vers 1 lehrt die Rechtfertigung durch den Glauben. Vers 2 spricht über die völlige Errettung durch den Glauben. Die Verse 3-5 besagen, daß das

Absterben des Ichs durch erfahrenes Leid geschieht und daß wir daran geistlich wachsen. Wenn die Seele auf diese Weise immer mehr sich selbst gegenüber abstirbt, betritt sie gleichzeitig den weiten Bereich geistlicher Erkenntnis und Liebe. Sie kommt in eine Haltung beständigen Gebets, grenzenlosen Wohlwollens anderen Menschen gegenüber, unaussprechlicher Zärtlichkeit und großer Zuneigung, tiefer, stiller Nachdenklichkeit und äußerster Einfachheit in Leben und Verhalten. Sie bekommt einen besonderen Blick für Gott und die zukünftigen Zeiten. In diesem Zustand, in dem das Ich völlig abgestorben ist, betrachtet man Leiden, Sorgen, Schmerz und jede andere Art des Absterbens mit einer heiteren Gelassenheit. Eine solche Seele schaut demütig auf ihre Prüfungen, Tränen und Leiden zurück. Sie tut dies ohne Bedauern, denn sie sieht jetzt in jedem Schritt die Fußspuren Gottes. Eine solche Seele erfüllt der Heilige Geist mit seinem Leben. Ihre wichtigste Aufgabe besteht nun darin, auf die Anweisungen und Regungen des Heiligen Geistes zu achten und ihm in Liebe und ohne Zögern und Fragen zu gehorchen. Eine solche Seele ist dann in Tat und Wahrheit dort angelangt, wo es heißt: ‚Nicht mehr ich, sondern Du.'"

Die Erklärung für das Geheimnis des Leidens

Es trifft zu, daß „Menschen, die nicht zerbrochen wurden, für Gott kaum zu gebrauchen sind". Die Harten, Lieblosen, Ichbezogenen kann er hier und jetzt kaum gebrauchen. Aber Gott interessiert sich für den Zerbruch nicht vornehmlich seines zeitlichen Wertes wegen, wie groß dieser auch sein mag. Die auserwählte Braut wird für den Thron ausgebildet.

Sie befindet sich in der Schule des Leidens, um Agape-Liebe zu erlernen, damit sie in einer Sozialordnung, in der die Liebe den höchsten Stellenwert hat, herrschen kann. Darum ist Gott bereit, ihre Glieder beständig in der Liebe zu unterweisen. Keine andere Kosmologie kann das Geheimnis des Leidens, zu dem wir – wie Petrus sagt – berufen sind, erklären. „Die Hausknechte seien mit aller Furcht den Herren untertan, nicht nur den guten und milden, sondern auch den wunderlichen! Denn das ist Gnade, wenn jemand aus Gewissenhaftigkeit gegen Gott Kränkungen erträgt, indem er Unrecht leidet. Denn was ist das für ein Ruhm, wenn ihr Streiche erduldet, weil ihr gefehlt habt? Wenn ihr aber für Gutestun leidet und es erduldet, das ist Gnade bei Gott. Denn dazu seid ihr berufen, weil auch Christus für euch gelitten und euch ein Vorbild hinterlassen hat, daß ihr seinen Fußstapfen nachfolget" (1. Petrus 2,18-21).

Leiden gehört zur Strategie Gottes

Zerbruch ist wichtig für den Dienst, den wir auf der Erde für Gott tun sollen. Dennoch läßt Gott das Leiden hauptsächlich zu, um einen Menschen für seine ewige Stellung zuzubereiten. *Der Schwerpunkt der Erziehung Gottes liegt nicht in der Zeit, sondern in der Ewigkeit.* Läßt man sich durch Gottes Erziehung von eitlem Streben und Selbstsucht befreien, dann nimmt die Agape-Liebe zu und verwandelt den Zerbruch in ewige Herrlichkeit. Rebelliert man jedoch gegen die quälenden Umstände, die nach Gottes Plan die alte Natur und das Ich hätten kreuzigen sollen, so vergeudet man sein Leid. Die unaussprechlich großen Leiden der Heiligen – all die Sorgen, Tragödien, Kümmernisse, Enttäuschungen und Verfolgungen – sowie das Martyrium vieler Gläubiger in der Geschichte der Gemeinde Jesu vom ersten Jahrhundert bis heute können nur gerechtfertigt werden, wenn man gleichzeitig die Ewigkeit mit in Betracht zieht. Das Leid ist Gottes Strategie, um in der Brautgemeinde eine Rangordnung für seinen ewigen Plan zu schaffen. Nur dies kann wohl das viele Leid auf Erden rechtfertigen. Es erklärt auch die folgende Aussage von Paulus im Philipperbrief: „Denn euch wurde in bezug auf Christus die Gnade verliehen, nicht nur an ihn zu glauben, sondern auch um seinetwillen zu leiden" (Philipper 1,29). Zum selben Thema meint Petrus: „Geliebte, lasset euch die unter euch entstandene Feuerprobe nicht befremden, als widerführe euch etwas Fremdartiges; sondern je mehr ihr der Leiden Christi teilhaftig seid, freuet euch, damit ihr auch bei der Offenbarung seiner Herrlichkeit frohlocken könnt. Selig seid ihr, wenn ihr um des Namens Christi willen geschmäht werdet! Denn der Geist der Herrlichkeit und Gottes ruht auf euch" (1. Petrus 4,12-14). „Der Gott aller Gnade aber, der euch zu seiner ewigen Herrlichkeit in Christus berufen hat, wird euch selbst nach kurzem Leiden zubereiten, festigen, stärken, gründen" (1. Petrus 5,10). Diese Erklärung würde auch die Worte des Paulus an die Thessalonicher erhellen: „… so daß wir selbst uns euer rühmen in den Gemeinden Gottes wegen eurer Standhaftigkeit und Glaubenstreue in allen euren Verfolgungen und Drangsalen, die ihr zu ertragen habt: ein Beweis des gerechten Gerichtes Gottes, daß ihr gewürdigt werdet des Königreiches Gottes, für das ihr leidet" (2. Thessalonicher 1,4-5).

Durch Leiden befähigt

In dem oben zitierten Abschnitt aus dem Philipperbrief weist Paulus darauf hin, daß es ein Vorrecht ist,
für Christus zu leiden. Ohne Gottes ewigen Plan für
uns läßt sich das nur schwer verstehen. Zwar kann unser Leid schon in diesem Leben reiche Frucht tragen,
aber die Frucht ist nicht immer offensichtlich. Außerdem scheint sie häufig nicht auszureichen, um das
Leid zu rechtfertigen. Wenn es – wie Paulus andeutet –
ein Vorrecht ist, für Christus zu leiden, muß das mit
der zukünftigen Weltordnung zusammenhängen.
Wenn Gott seine Kinder eine Leidensschule durchlaufen läßt, weil er sie als Vorbereitung auf ihr Herrscheramt in der Agape-Liebe wachsen lassen will,
dann ist die Lehre vom Leiden als Vorrecht einsich-
tig. Wenn es sich so verhält, verstehen wir auch die
Worte des Paulus an die Thessalonicher, ihre Verfolgungen und Trübsale seien „ein Beweis des gerechten
Gerichtes Gottes". Warum? „... daß ihr gewürdigt
werdet des Königreiches Gottes, für das ihr leidet"!
Paulus sagt hier, ohne diese Verfolgungen und
Drangsale könnten sie auch nicht herrschen. Nun wissen wir, warum Petrus dazu auffordert, sich zu freu-
en, „je mehr ihr der Leiden Christi teilhaftig seid, damit ihr auch bei der Offenbarung seiner Herrlichkeit
frohlocken könnt ... Denn der Geist der Herrlichkeit
und Gottes ruht auf euch". Die biblische Schau von
der Herrlichkeit des Leidens und der Trübsale läßt
sich nur mit der Notwendigkeit einer vorbereitenden
Schulung für den Thron erklären. Ohne Leiden gibt
es keine Liebe, und ohne Liebe gibt es keine Herrschaft. Nur wenn wir leiden, werden wir auch mit Jesus regieren. Man kommt leicht ins Zweifeln, ob das

eigene Leid im Augenblick diesem hohen Ziel dient. Möglicherweise läßt man sich dazu verführen, es von der Regel auszunehmen und bestenfalls als sinnlos zu betrachten. Aber eines Tages erkennt man vielleicht, daß Gott gerade *das* Leid, das man selbst für das belangloseste gehalten hatte, für seine herrlichsten Ziele gebrauchte.

Salomos Tempel

Der Bau des salomonischen Tempels erläutert das Prinzip des Geformtwerdens durch Leiden. Jeder Stein, der in dieses erstaunliche Bauwerk eingefügt wurde, mußte im Steinbruch so genau behauen werden, daß er einwandfrei an die ihm bestimmte Stelle paßte. „Und als das Haus gebaut ward, wurde es aus Steinen, die fertig behauen aus dem Bruch kamen, gebaut, so daß man weder Hammer noch Meißel noch sonst ein eisernes Werkzeug im Hause hörte, während es gebaut wurde" (1. Könige 6,7).

Gläubige sind lebendige Steine

A. N. Hodgkin sagt dazu in „Christ in All the Scriptures" (Christus in der ganzen Heiligen Schrift): „Die wahren Gläubigen aller Zeiten sind lebendige Steine in jenem himmlischen Tempel. Gott bereitet sie in seinem Steinbruch – nämlich auf Erden – mitten im Lärm und Getöse der Zeit zu, und zwar einen jeden Gläubigen für den Platz, der droben in Gottes Tempel für ihn bestimmt ist. Anfangs sind die Steine uneben und unförmig. Kein Wunder, daß es gewaltige Hammerschläge, scharfe Meißel und intensiver Schmirgelarbeit bedarf, bevor die Steine fertig sind."

Gegenwärtig sind wir nicht, was wir sein *sollten*, und auch nicht, was wir einmal sein *werden*. Aber Gott tut nichts ohne Plan und Absicht. Er weiß, was er tut. Was in unserem Leben geschieht, kommt nicht von ungefähr. Es gibt eine Hand, die alles führt und leitet. Alle Ereignisse und Umstände führen auf ein bestimmtes Ziel zu. Dieses Ziel mag für uns vielleicht nicht ersichtlich sein. Aber es gibt ein Auge, das den Plan für unser Leben ständig überwacht. *Gott selbst ist es, der an uns arbeitet.*

Halte stille, wenn dein Gärtner
mit dem Messer in der Hand
an dir noch so manche wilde
und unedle Rebe fand.
Er wird nicht unnötig schneiden,
nicht zu früh und nicht zu spät.
Reben, die da Trauben tragen,
haben Tränen erst gesät.

Halte stille, wenn dein Jesus
unter dir die Glut noch schürt
und anstatt dich zu befreien,
in noch tiefre Leiden führt.
Er wird dich von dem nur rein'gen,
was noch tödlich dich befleckt.
Eh' das Gold ganz rein geworden,
hat's des Feuers Glut geschmeckt.

Halte stille, wenn dein Jesus
dich auf seinen Altar legt
und dein Leben mehr den Stempel
seiner Schmach und Leiden trägt.
Mit gekreuzigt, mit erstanden

für das Haupt der Herrlichkeit –
alle auserwählten Glieder,
die sich völlig ihm geweiht.

Das Behauen der Steine

Hodgkin weist darauf hin, daß Steine uneben und unförmig sind, wenn sie aus dem Steinbruch kommen.
Steine können nicht fühlen, aber die „lebendigen
Steine", an denen Gott arbeitet, können es. Deshalb
kann Gott sie nicht gestalten, ohne ihnen Schmerzen
zuzufügen. Wo keine Schmerzen sind, entsteht auch
keine Form. Gott gebraucht scharfe, schmirgelnde
Werkzeuge. Gegen sie können sich die Steine aus
dem Steinbruch nicht wehren, wohl aber die „lebendigen Steine". Tun sie es, sind ihre Sorgen und
Schmerzen umsonst. Gott gebraucht also Schmerzen,
um einen Menschen für dessen besonderen Platz in
der Ewigkeit zu formen.

Könnte das nicht erklären, warum so viele Menschen ständig unter körperlicher Krankheit leiden,
obwohl sie fortwährend um Heilung beten? Wenn
Persönlichkeitsschulung das höchste Ziel Gottes im
Universum ist, aber nicht ohne Schmerzen erreicht
werden kann, erklärt das nicht die Aussage: „Denn
welchen der Herr liebt, den züchtigt er" (Hebräer
12,6)? Vielleicht kann Gott genau den Stein, den er
an einer bestimmten Stelle braucht, nicht auf eine andere Weise bekommen. Sollte man deshalb gegen
Gott rebellieren? Sind denn die Leiden eines Menschen vergeblich, wenn sie zur Befähigung für seine
einzigartige Stellung im Himmel beitragen?

Unsere Familienverhältnisse und die Agape-Liebe

Nach unseren bisherigen Ausführungen leben wir, um in der Agape-Liebe unterwiesen zu werden. Alles, was Gott im Leben seiner Kinder zuläßt – sei es Freude oder Leid – dient dazu, sie in der Liebe zu erziehen und reifen zu lassen. Die Welt gleicht einer Werkstatt. In ihr lernen die für den Thron Bestimmten anhand praktischer Übungen, sich durch das Gesetz der Liebe regieren zu lassen. In der ewigen Sozialordnung werden sie nämlich selbst nach diesem Prinzip regieren.

Die Erde – die richtige Umgebung zum Erlernen der Liebe

Agape-Liebe kann man nur auf der Erde lernen. In einem kürzlich erschienenen Buch weist C. S. Lovett darauf hin, daß ein solcher Wesenszug nicht im Himmel hervorgebracht werden kann. Das ist eine ziemlich verblüffende Aussage. Er meint: „Der Himmel ist kein Ort, um Kinder großzuziehen." Es gibt dort keine Möglichkeit, Gott ähnlich zu werden. Die erforderlichen Bedingungen für einen geistlichen Wachstumsprozeß sind dort nicht vorhanden.

Oberflächlich betrachtet, sollte man meinen, der Himmel sei der ideale Ort, um einen gottähnlichen

Charakter hervorzubringen. Es gibt dort weder Leid noch Sorgen, noch Geschrei, noch Schmerz (Offenbarung 21,4). „Es gibt dort nichts, was uns erschrecken könnte." Lovett zufolge gibt es dort also keine Spannungen oder Strapazen, keine Prüfungen oder Versuchungen, keine Widerstände oder Hindernisse – nur noch völlige Harmonie! Wäre das nicht das geeignete Milieu für die Schaffung eines himmlischen Charakters? Die Antwort lautet: auf keinen Fall! Dr. Lovett fragt: „Was geschieht mit Kindern, die man vor jeder Belastung bewahrt? Was geschieht, wenn man jede Mühe, jede Spannung und jeden Widerstand des Lebens von ihnen fernhält? Wachsen sie oder bleiben sie in ihrer Entwicklung stehen?"

Sie wissen, daß man auf diese Weise keine charakterliche Stärke hervorbringen kann. Folglich ist der Himmel nicht der geeignete Ort, um Kinder heranreifen zu lassen. Das muß hier auf der Erde geschehen, also gerade in der Welt, in die Gott uns gestellt hat. Lovett sagt: „Ein verhätscheltes Kind ist etwas Entsetzliches." Und ein verhätschelter Heiliger ist eine Unmöglichkeit!

Wird es dann im Himmel kein Wachstum mehr geben? Das nicht. Die Erlösten werden dort in einer völlig neuen Ordnung leben (Offenbarung 21,4-5). Da mag es viele andere Anreize zum Wachstum geben. Einer davon wird Lob und Anbetung sein. Lobgesang wird den Himmel erfüllen. In Anbetung und Lob des unendlich liebens-werten Gottes kommen die feinsten, die göttlichen Wesenszüge eines Heiligen zum Ausdruck. Die besten, erhabensten und gottähnlichsten Fähigkeiten werden gefördert und gleichzeitig vergrößert. Dieser Wachstumsprozeß im Loben und Anbeten setzt sich im Himmel bis in Ewigkeit fort. Wachstumshilfen wie die irdischen Sorgen, Spannungen und Schmerzen werden dort nicht notwendig sein.

Sofortige Reinheit

Wenn der Heilige Geist in einem Gläubigen Einzug hält, bekommt der Gläubige augenblicklich ein reines Herz (Apostelgeschichte 15,7-9). Der Reifeprozeß in bezug auf die Agape-Liebe funktioniert jedoch anders. Er wird durch die Reinheit des Herzens überhaupt erst ermöglicht. Aber auch dann ist es ein langwieriges Geschehen, das keinesfalls ohne Trübsal, Leid und Druck durchlaufen werden kann. Einen anderen Weg gibt es nicht. Nach vielen Jahren bezeugte der Apostel Paulus, er habe die volle Reife noch nicht erreicht (Philipper 3,12-14)!

Reifen – ein lebenslanger Prozeß

Die fortschreitende Entwicklung christusähnlicher Wesenszüge und der Agape-Liebe dauert zwangsläufig das ganze Leben. Nehmen Sie zum Beispiel die Langmut. Wie wird sie erworben? Lovett antwortet: „Indem man lange Zeit leidet." Aber im Himmel gibt es kein Leiden. Also kann man dort keine Langmut erlernen.

Wie ist es mit der Geduld? In meiner Jugend gingen manche Prediger in meinem Bekanntenkreis davon aus, daß die krisenhafte Anfangserfahrung der Heiligung sofortige Geduld mit sich bringe – ähnlich wie man Pulverkaffee, Pudding oder andere Schnellgerichte im Nu genießen kann. Aber wie werden Schnellgerichte hergestellt? Durch Vorkochen. Der Herstellungsprozeß erfordert die Anwendung von

Hitze oder Druck oder beidem. Das gleiche gilt für die Geduld. So etwas wie Charakterstärke oder Geduld im Schnellverfahren gibt es nicht. Fortgeschrittene Stadien der Geduld (bei der es sich nur um ein Nebenprodukt bzw. einen Ausdruck der Agape-Liebe handelt) erwirbt man durch das Ertragen vieler Ängste. Aber im Himmel gibt es keine Ängste. Daher kann man dort auch keine Geduld lernen.

Oder denken Sie einmal an die Fähigkeit, vergeben zu können – ein weiterer Ausdruck der Agape-Liebe. Muß man nicht erst verletzt oder gekränkt werden, bevor man vergeben kann? Die Fähigkeit, vergeben zu können, läßt sich nur dadurch entwickeln, daß man immer wieder verletzt wird. Im Himmel gibt es jedoch keine Verletzungen oder Kränkungen. Also kann man dort nicht lernen zu vergeben.

Das Leben – eine Werkstatt

Aus diesem Grunde ist ein Leben voller Sorgen, Angst und Enttäuschungen notwendig, um einen Menschen in das wunderbare Bild Jesu zu verwandeln. Widrigkeiten sind notwendig, um ihn in der Christusähnlichkeit und der Agape-Liebe zu einer größeren Reife zu bringen. Im Himmel gibt es diese Dinge aber nicht. Nur die Erde bietet jene Situationen, die uns in der Heiligung wachsen lassen. Nur auf der Erde kann man durch Sorgen, Enttäuschungen und lebensverändernde Belastungen auf die Probe gestellt werden. Erinnern Sie sich: das Leben auf der Erde gleicht einer Werkstatt. Es ist eine Lehrzeit, in der Gott seine Kinder in der Agape-Liebe unterweist, weil sie später herrschen sollen.

Die Familie – eine Welt im kleinen

Die Familie ist der natürliche Ort für den Beginn eines Kurses in Agape-Liebe. Dr. Lovett sagte: „Ehe und Familie bilden den Kern allen Lebens auf der Erde. Mit all den Belastungen und Schwierigkeiten, Prüfungen und Nöten unter einem Dach gleichen sie einer komplett ausgerüsteten Werkstatt. ...Alles, was für die Entstehung christusähnlicher Wesenszüge notwendig ist, findet sich in der Familie." Anders ausgedrückt: Die Familie bildet eine Art Miniaturwelt. Sie ist das Abbild der Welt, wie sie im großen existiert. Unser Zuhause mit seinen Belastungen und Spannungen ist der beste Ort zum Wachsen in der Agape-Liebe. Das ist einer der Gründe, warum Gott die Familie einsetzte und „Einsame zu Hause wohnen läßt" (Psalm 68,7 Elb. Übers.). Lovett meinte: „Die Ehe ist die anstrengendste Sache des Lebens. Wenn das ganze Leben aus Anstrengung besteht, dann ist die Ehe das Zentrum der Anstrengung."

Jungverheiratete sind oft ichbezogen

J. R. Miller schrieb:

„Es gibt keine zwei Menschen, die in ihrer Ehe immer in völliger Harmonie leben. Das hat nichts damit zu tun, wie gut sie sich vorher kannten; auch nicht damit, wie lange sie sich überhaupt kennen oder wie lange sie enger miteinander befreundet waren. Erst wenn nach der Eheschließung jene geheimnisvolle Verschmelzung beginnt, die man kaum mit Worten erklären kann, stellt man beim anderen vieles fest, was einem bisher nicht aufgefallen war... Es gibt ungeahnte Gegensätze, die erst im Alltagstrott offenbar werden."

Es mag Ausnahmen geben, aber die meisten Jung-
verheirateten wissen am Anfang ihrer Ehe noch
nicht, was Selbstlosigkeit wirklich heißt. Sie sind vielleicht gerettet, geheiligt bzw. mit dem Heiligen Geist
erfüllt und dennoch ichbezogen, ohne sich dessen bewußt zu sein. Eine der Hauptabsichten Gottes bei der
Einsetzung von Ehe und Familie ist nicht in erster Linie das Vergnügen (wie man gewöhnlich annimmt),
sondern die Entthronung des Ichs zum Erlernen der
Agape-Liebe. Die Spannungen in Ehe und Familie
sollen Zerbruch hervorbringen, von Ichbezogenheit
befreien und die Fähigkeit zur opferbereiten Liebe
und Güte entstehen lassen.

Weil nur wenige Menschen das Wesen und den
Sinn der Ehe verstehen, neigen sie beim Auftreten
unerwarteter Belastungen und Spannungen zu der
Annahme, sie hätten sich geirrt und vielleicht die falsche Person geheiratet. Als nächstes suchen sie nach
einem Ausweg – manchmal mit Hilfe eines kundigen
Eheberaters, häufiger jedoch mit Hilfe des Schei-
dungsrichters.

Ein geistliches Problem

Wenn jemand als berufsmäßiger Eheberater sein
Geld mit dieser Form der Beratung verdient, beruhen
seine Dienste in der Regel auf den Prinzipien Freuds
und sind damit bestenfalls wertlos. Abgesehen von
organischen Schwierigkeiten ist die Wurzel aller Probleme im familiären Bereich nicht geistiger, sondern
geistlicher Art. Psychologie und Psychiatrie sind nor-
malerweise völlig belanglos. *Ein geistliches Problem
hat immer eine geistliche Ursache und bedarf daher einer geistlichen Lösung.* Viele Eheberater – selbst ei-

ge christliche – sind so von Freud beeinflußt, daß sie ein geistliches Problem überhaupt nicht auf schriftgemäße Weise angehen können. So mancher geistlich denkende Mensch ist der festen Überzeugung, die Psychiatrie sei Satans Ersatz für den biblischen Lösungsweg bei gestörten Beziehungen. Viele Psychiater versuchen zu helfen, indem sie ihre Patienten von der persönlichen Verantwortung für das Problem befreien – was die Not noch vergrößert. Der Ursprung des Konfliktes ist – abgesehen von organischen Fällen – fast ausnahmslos geistlicher Art: ein aufgeblasenes Ich, fehlende Liebe. Das sind rein geistliche Probleme. Der Ausweg liegt nicht in Trennung oder Scheidung. Solche Lösungen laufen Gottes Absicht zuwider und verschlimmern die Probleme nur.

Opferbereite Liebe

Wenn von den beteiligten Personen eine oder beide wiedergeboren sind, dann möchte Gott, daß sie einander Agape-Liebe lehren. Und das ist nicht einfach. Die alte Natur und das Ich sterben nur langsam. Aber wenn nur einer der Partner einsieht, daß er in der Liebe wachsen soll und die Familie dafür das beste Lernfeld ist, dann kann mit der Entthronung des Ichs begonnen werden. Begreift das Ehepaar, daß weder Leben noch Ehe in erster Linie dem Vergnügen dienen, sondern dem Erlernen opferbereiter Liebe, dann wird es aus dem erfahrenen Leid Nutzen ziehen können.

Waagrecht gegen senkrecht

In einer „waagrechten" Beziehung (zwischen Menschen) sind die Schwierigkeiten immer das Ergebnis von Problemen in der „senkrechten" Beziehung – also in der Beziehung zu Gott. Irgendwo hat der Eigensinn das Steuer an sich gerissen. Uneinigkeit mit dem Partner folgt dem Widerstand gegen Gott. Der Mangel an Liebe zum Ehepartner ist tatsächlich ein Mangel an Liebe zu Gott. „Geliebte, lasset uns einander lieben! Denn die Liebe ist aus Gott, und wer liebt, der ist aus Gott geboren und kennt Gott. Wer nicht liebt, kennt Gott nicht; denn Gott ist Liebe ... wenn wir einander lieben, so bleibt Gott in uns, und seine Liebe ist in uns vollkommen geworden ... Wenn jemand sagt: Ich liebe Gott – und seinen Bruder (oder Partner) haßt, so ist er ein Lügner; denn wer seinen Bruder (oder Partner) nicht liebt, den er sieht, der kann Gott nicht lieben, den er nicht sieht" (1. Johannes 4,7-8.12b.20).

Das Recht, auf seine Rechte zu verzichten

Wenn einer der Ehepartner den Wunsch nach Scheidung damit begründet, er liebe den anderen nicht mehr, liegt das Problem nicht in erster Linie zwischen den Ehepartnern. Vielmehr liegt es am Verhältnis eines oder beider Partner zu Gott. Wenn wenigstens einer von ihnen seine Beziehung zu Gott wirklich in Ordnung bringt, pocht er nicht länger auf seine Rechte und versucht nicht halsstarrig, seinen Kopf durchzusetzen. Jemand sagte einmal, das einzige Recht eines Christen sei das Recht, auf seine Rechte zu verzichten. Das stimmt mit der Bergpredigt in Matthäus 5 und 6 überein. Der Partner, der Gott am nächsten ist, wird fast immer als erster nachgeben. Die Liebe zu Gott wird ihn auf seine Rechte verzichten und die Kreuzigung seines Ichs annehmen lassen. Wenn er oder sie hierzu nicht bereit ist, dann liegt das an einer mangelnden Liebe zu Gott. Die Weigerung, um Christi willen einen Verlust zu erleiden, ist in Wirklichkeit Auflehnung gegen Gott.

Umkehr und Wiedergutmachung

Wenn es sich aber so verhält, wird keine berufsmäßige Beratung oder psychiatrische Behandlung etwas nützen, solange das geistliche Problem nicht gelöst wird. Es ist zweifelhaft, ob ein bezahlter Berater oder Psychiater das begreift und überhaupt helfen kann. Hilfe ist nur möglich, wenn zumindest einer der Partner begreift, daß das Leben dem Erlernen der Agape-Liebe dient. Er muß bereit sein, den Schmerz auszuhalten, den die Beilegung der Uneinigkeiten und die Vergebung mit sich bringen. Buße vor Gott über alle Lieblosigkeit und Wiedergutmachung gegenüber dem Ehepartner werden das von Gott beabsichtigte Wachstum in der Liebe hervorbringen. Weil Unterordnung für das Reifen in der Liebe so wichtig ist, gebietet Paulus in Epheser 5,21-23: „Seid dabei einander untertan in der Furcht Christi. Die Frauen seien ihren eigenen Männern untertan, als dem Herrn; denn der Mann ist des Weibes Haupt, wie auch Christus das Haupt der Gemeinde ist; er ist des Leibes Retter." In 1. Petrus 5,5-6 betont Petrus dieses Prinzip ebenfalls: „Gleicherweise ihr Jüngeren, seid untertan den Ältesten; umschürzet euch aber alle gegenseitig mit der Demut! Denn Gott widersteht den Hoffärtigen, aber den Demütigen gibt er Gnade. So demütiget euch nun unter die gewaltige Hand Gottes, damit er euch erhöhe zu seiner Zeit!" Wer diese Prinzipien der Unterordnung ablehnt, muß mit wachsendem Kummer und Schmerz rechnen und verschwendet sein Leiden.

Eine unsichere Grundlage

Ein großer Teil der Eheberatung orientiert sich am Hier und Heute. Man will die gefährdete Ehe vor allen Dingen im Blick auf das momentane Glück der Partner heilen. Das ist ganz natürlich. Aber solange das Paar der falschen Vorstellung anhängt, der Hauptzweck des Lebens und der Ehe sei Vergnügen und Glück, gründet die Ehe auf unsicherem Boden. Solange die Partner nicht begreifen, daß sie sich in Leben und Ehe auf die Regentschaft nach dem Gesetz der Liebe vorbereiten sollen, laufen sie Gefahr, ewigen Schaden zu erleiden. Wenn sie ihr Leben mit Klagen, Unzufriedenheit und Verurteilen des Partners verbringen, ist ihre Mühsal vergeblich. Wenn sie einander jedoch als Gottes Erziehungsgehilfen annehmen, die sich gegenseitig zu mehr Selbstlosigkeit und einem größeren Maß an Agape-Liebe führen sollen, werden sie nicht nur in ihrem jetzigen Leben glücklicher sein, es erwartet sie außerdem „eine ewige und über alle Maßen gewichtige Herrlichkeit".

Die Tragödie unserer Zeit

Sämtliche Bemühungen von Psychologen und Psychiatern, eine Neuorientierung und Versöhnung von Ehepartnern zu erreichen, sind vergebens, wenn sie das zugrundeliegende geistliche Problem nicht beachten. Es ist traurig anzusehen, wie in Gemeinde und Dienst der biblische Weg der Seelsorge zugunsten einer massiven satanischen Täuschung aufgegeben wird. Das ist eine der bedauerlichsten Tragödien unserer Zeit. „Staunet ob solchem, ihr Himmel, und schaudert, entsetzt euch sehr, spricht der Herr. Denn mein Volk hat eine zweifache Sünde begangen: Mich, die Quelle lebendigen Wassers, haben sie verlassen, um sich Zisternen zu graben, löcherige Zisternen, die kein Wasser halten" (Jeremia 2,12-13). Auf nichts trifft dies mehr zu als auf die professionellen Programme für „seelische Gesundheit" unter der Leitung religiöser Gruppen.

Die Meinung eines Fachmanns

Hierbei handelt es sich nicht nur um die Meinung eines Laien, sondern auch um die Meinung sehr angesehener Fachleute. In Kapitel sechs und sieben seines Buches „The Crisis in Psychiatry and Religion" (Die Krise in Psychiatrie und Religion) beschäftigt sich Dr. O. Hobart Mowrer, Psychologe an der Universität von Illinois und früherer Präsident der „American Psychological Association", mit eben diesem Problem. Er spricht sich nachdrücklich dagegen aus, daß die gemeindlichen Amtsträger Gemeindemitglieder mit seelischen Schwierigkeiten an die Psychiater verweisen; denn – so meint er – allein die Verkündiger des Wortes Gottes hätten die Antwort auf derartige Probleme.

Eine atheistische Philosophie

Jesus hat gesagt: „Kommet her zu mir alle, die ihr mühselig und beladen seid, so will ich euch erquikken" (Matthäus 11,28). Welch ein armseliges Licht wirft es auf ihn, wenn seine Diener und Stellvertreter so blind, unsicher und kraftlos sind, daß sie die Hilfe eines Berufsstandes mit einer vorherrschend atheistischen, deterministischen und evolutionistischen Weltanschauung suchen! Ein großer Teil dieses Berufsstandes lehnt die biblischen Wertmaßstäbe ab. Dies hat zu großer Verwirrung bei Menschen geführt, die gemäß jenen Prinzipien zu leben bemüht waren.

Verführung als Therapie

Ein Artikel in „The Atlanta Constitution" vom 26. Januar 1976 enthüllt, daß professionelle Eheberater bei der Behandlung seelischer Störungen häufig die sogenannte Sexualtherapie verwenden. Unter der Überschrift „Sexuelle Verführung während der Therapie ist ein Hauptproblem" liest man: „Eines der dringlichsten Probleme angesichts der zunehmenden Zahl von Sexualtherapien ist heutzutage die Praxis mancher Therapeuten, Patienten zu verführen, wenn diese mit sexuellen Problemen zu ihnen kommen ..." Fritz Redich, Psychiater an der Yale University, leitete eine Diskussion über sexuelle Beziehungen zwischen Therapeuten und Patienten. Er sagte, bei vielen Arten der professionellen Behandlung komme es häufig zum sexuellen Kontakt.

In einem Zeitungsartikel wurde kürzlich ein Psychiater zitiert, der sich offen zu dieser Praxis bekannte. Er sagte, in einem Fall erhalte er wöchentlich fünfzig Dollar für seine „professionellen" Dienste. Ein solches Verhalten macht ihn zu einem Gigolo oder einem Prostituierten, der sich als Therapeut verkleidet hat.

Die Psychoanalyse ist keine Wissenschaft

Obwohl diese Praxis dem oben erwähnten Bericht zufolge häufig vorkommt, möchte ich nicht behaupten, sie sei für den ganzen Berufsstand typisch. Es gibt ja auch christliche Psychiater, obwohl mir diese Bezeichnung etwas verunglückt erscheint. Einigen anerkannten Fachleuten zufolge handelt es sich bei der Psychiatrie nicht um eine Wissenschaft, wenngleich sie sich als solche darstellt. Ihr liegt nicht Logik, sondern Glaube zugrunde. Obwohl der Berufsstand immer größer zu werden scheint, bezeichnen manche Autoren die „seelische Gesundheit" als Phantasiegebilde. Sie halten eine Neurose „nicht für ein medizinisches Problem, sondern für einen moralischen Konflikt".

Ganzheitstherapie

Dr. Mowrer hat durch seine „Ganzheitstherapie" einen neuen Lösungsweg für seelische Probleme aufgezeigt. Die Therapie läuft auf die biblische Methode der Heilung hinaus: Buße, Wiedergutmachung, Vergebung und vollständige Offenheit gegenüber allen Beteiligten führen zu einer intakten Beziehung zu Gott und den Mitmenschen. *Eine einwandfrei funktionierende „senkrechte" Beziehung ist das Geheimnis einer befriedigenden „waagrechten" Beziehung.* Völlige Offenheit gegenüber Gott und dem Partner ist das Heilmittel gegen Spannungen in den zwischenmenschlichen Beziehungen.

Der Ratschlag eines Fachmannes

Der Seelsorger, der zur Lösung seelischer oder geistlicher Probleme bewußt oder unbewußt Methoden aus der Psychiatrie anwendet, sollte einmal über die folgenden Bemerkungen des Autors und Psychologen Lee R. Steiner nachdenken: „Nachdem ich zwanzig Jahre lang erforscht habe, woher die Menschen ihre Probleme haben und warum sie sich bestimmten Quellen zuwenden, habe ich den Eindruck gewonnen, daß die Diener Christi einen schrecklichen Fehler machen, wenn sie das, was sie haben, gegen ein psychologisches Mischmasch eintauschen. Durch die Jahrhunderte hindurch ist der geistliche Stand die Kraft gewesen, die zumindest versucht hat, die Moral aufrechtzuerhalten. Es wäre tragisch, würde die Geistlichkeit in einer der größten moralischen Krisen das, was ihr Kraft verleiht, plötzlich für etwas aufgeben, das weder Stichhaltigkeit noch feste Grundlage, noch Wert besitzt. Sie täte weitaus besser daran, sich an das zu klammern, was sie hat. Das Judentum hat fast 6000 Jahre überdauert, das Christentum etwa 2000 Jahre. Wo wird die Psychoanalyse in 25 Jahren stehen? ... Ich sage, daß sie den gleichen Weg gehen wird wie die Schädellehre und der Mesmerismus."

Das einzige Heilmittel

Um es noch einmal zu betonen: Wenn eine Familie oder eine Ehe bedroht ist, so ist die grundlegende Ursache geistlicher Art. Daher muß auch das Heilmittel geistlicher und nicht psychologischer Natur sein. Belastungen und Spannungen finden sich immer wieder. Wenn die Partner sie als Gottes Weg zum Wachstum in der Agape-Liebe annehmen und auf die Schwierigkeiten lobend und dankend reagieren (Hebräer 13,15), können familiäre Probleme gelöst und in „zukünftige Herrlichkeit" umgewandelt werden.

Untreue in der Ehe

Wir leben heute in einer sehr gefährlichen Zeit, in der fast alle traditionellen Werte zerfallen. Die Welt treibt steuerlos in einem Meer von Ungewißheit und Zweifel. Die Gesellschaft befindet sich in einem sittlichen Schockzustand. Die soziale Ordnung zerfällt. Das moralische Chaos nimmt zu. Sexuelle Verwirrung breitet sich aus. Massenwahnsinn droht. Die Zersetzung der sozialen Ordnung ist ein Beweis für das Eindringen auf Sex ausgerichteter Dämonen, die die Scheidungsrate hochtreiben und Ehe und Familie zerstören. Aber Gott kann auch diese Situation gebrauchen, um seine auserwählte Braut in der Agape-Liebe wachsen zu lassen.

Die Überwindung moralischen Versagens

Es gibt keine größere Versuchung, bitter zu werden, als die Untreue eines Ehepartners. Tausende geraten durch die „neue Moral" mit ihrer Lockerung der Sitten in den Strudel der Unsittlichkeit. Die Frau von Billy Graham soll gesagt haben, daß Gott sich wohl bei Sodom und Gomorra entschuldigen müsse, wenn er unsere entartete Moral weiter ungestraft lasse. Manche Eheleute erkennen das vielleicht nicht, aber gerade die eheliche Untreue bietet eine beispiellose Möglichkeit, in eine tiefere Dimension der Agape-Liebe hineinzuwachsen. Wenn man dem Groll, dem Selbstmitleid und der Rachsucht nachgibt, verschwendet man sein Leid. Aber wenn man begreift, daß die Gnade den Kummer überwinden und zum Erlernen der Agape-Liebe gebrauchen kann, ist man vielleicht in der Lage, seinen unaussprechlichen

Schmerz in ewigen Gewinn umzuwandeln. Nicht vielen, aber manchen ist das gelungen.

Die Annahme des Partners

Denen, die in ihrer Ehe irgendein Problem haben, schlage ich vor, auf die folgende Art und Weise darauf zu reagieren:

„Vater, ich lobe dich für meinen Ehepartner und für die Art und Weise, wie er (sie) ist. Denn du hast ihm (ihr) erlaubt, so zu sein, und du hast uns in dieser Ehe zusammengebracht. Ich weiß, daß du alles kannst und durch ihn (sie) und seine (ihre) Art wirkst. Du wirst deine Ziele erreichen und seine (ihre) geistlichen und charakterlichen Begrenzungen zu deiner Ehre überwinden. Amen."

Versuchen Sie sechs Mònate lang, Ihren Partner auf diese Weise anzunehmen, und zwar jedesmal, wenn Sie sich ärgern oder verletzt fühlen. Warten Sie ab, was dann geschieht!

Der Generationskonflikt

Obwohl wir heute in einer Zeit des sogenannten Generationskonfliktes leben, bestand dieses Problem bereits zwischen Adam und seinem Sohn Kain und zwischen Noah und dessen Sohn Ham. Die Freudsche Psychologie und die von ihr begründete Richtung in der Psychiatrie haben die Kluft zwischen Eltern und Kindern vertieft und vergrößert. Die daraus entstehende Entfremdung und die Ablehnung moralischer und geistlicher Werte seitens der jungen Generation kann sehr viel Kummer verursachen. Dies ist ein Problem von gewaltigen Ausmaßen. Es wird nicht kleiner durch die Tatsache, daß Eltern niemals vollkommen und daher teilweise mitverantwortlich für die Entfremdung sind. Wunden, die durch die Undankbarkeit der Kinder geschlagen worden sind, werden nur noch größer durch die schmerzhaften Auswirkungen der Entfremdung auf das geliebte Kind selbst, das einem teurer ist als das eigene Leben. Viele Eltern finden sich in dem Selbstgespräch von König David über seinen Sohn wieder, der erntete, was er säte, und so entsetzliches Leid über seine Eltern brachte. Aber nach dem Apostel Paulus kann selbst dieser verheerende Schmerz in eine „ewige und über alle Maßen gewichtige Herrlichkeit" umgewandelt werden, falls die Eltern zulassen, daß der Kummer in ihnen tiefe Agape-Liebe bewirkt. Aus dem Schmerz der Ablehnung heraus kann ein Elternteil die Ichbezogenheit erkennen, die ihm bisher nicht bewußt war. Durch ernsthafte Buße und Selbstverleugnung kann er in der opferbereiten Liebe wachsen, die sowohl heilt als erneuert und ewigen Lohn bringt. Das mag ein Grund dafür sein, warum Gott den Generationskonflikt zuläßt. Das entsetzliche Leid, das er mit sich bringt, sollte nicht verschwendet werden. Der Preis für das Wachsen in der Liebe mag hoch sein, aber für Gott ist kein Preis zu hoch.

Agape-Liebe durch unverdientes Leiden

Um es noch einmal zu wiederholen: Alle Wiedergeborenen befinden sich in einer Lehrzeit für die zukünftige Herrschaft. In der ewigen Sozialordnung, auf die sich das Universum zubewegt, setzt ein hohes Maß an Autorität auch ein hohes Maß an Agape-Liebe voraus. Wenn nun diese Liebe nicht ohne Leiden erreicht werden kann, könnte das eine Erklärung dafür sein, warum Gott es zuläßt, daß viele Heilungsuchende weiterleiden – vielleicht sogar ihr Leben lang?

Erziehung durch Verzug

Wenn Gott jeden sofort heilen würde, wo bliebe dann die Gelegenheit zur Charakterbildung? Wenn man nur einen Ton zu sagen brauchte, um von seinen Problemen befreit zu werden, wo bliebe die Gelegenheit zum Ausharren, das die Persönlichkeit formt? Wenn die Not beim ersten Aufschrei beseitigt wäre, wie könnte man sich in der Geduld üben, die ein himmlisches, vornehmlich von der Agape geprägtes Wesen zur Folge hat? Wenn Jesus als Mensch nicht ohne Leiden zu einem vollkommenen Führer werden konnte, sollten wir dann bei unserer Ausbildung für die himmlische Herrschaft ohne Leiden auskommen können? Die Antwort lautet: wahrscheinlich nicht!

Die Umwandlung des Bösen

Aber wie werden diese „Trübsale, die zeitlich und leicht sind", uns aber unerträglich und endlos erscheinen, in „eine ewige und über alle Maßen gewichtige Herrlichkeit" umgewandelt? Das kann nur geschehen, wenn man die richtige persönliche Einstellung besitzt. Viele Menschen verstehen nicht, wie in einer *objektiven* Situation die *subjektive* Haltung eines Menschen die Lage so verändern kann, daß „Böses" in „Gutes" umgewandelt wird.

Der Ewigkeitswert einer Situation

Denken Sie einmal über folgendes nach: Das, was einem Menschen zustößt, kann ihn nur verletzen, wenn es ihn veranlaßt, eine falsche Haltung einzunehmen. *Es ist die eigene Reaktion, die uns zum Segen wird oder uns verletzt.* Amy Carmichael sagte, der Ewigkeitswert einer Sache liege nicht in der Sache selbst, sondern in der persönlichen Reaktion darauf. Die notvolle Situation vergehe. Aber die persönliche Reaktion auf die Not hinterlasse im Charakter bleibende moralische und geistliche Spuren. Wenn das stimmt, muß alles, was Gott zuläßt, uns zum Guten dienen, es sei denn, wir lassen uns dadurch von Gott trennen. „Das einzige Unglück im Leben ist, den Glauben an Gott zu verlieren" (Maclaren).

In der Regel sucht man sich die Umstände und Situationen, in die man hineingestellt wird, nicht aus; man muß sie nehmen, wie sie kommen. Aber mit Gottes Hilfe kann man seine Reaktion, seine subjektive Einstellung unter Kontrolle behalten. Dafür ist man selbst zuständig. Wenn das uns widerfahrene

Böse uns zu Selbstmitleid verführt, uns deprimiert und gegen Gott und die Menschen rebellieren läßt, schwächen wir uns selbst und ziehen aus dem Leid keinen Nutzen. Aber wenn wir uns an den Rat des Apostels Jakobus halten, ändert sich die Lage vollständig: „Meine Brüder, achtet es für lauter Freude, wenn ihr in mancherlei Anfechtung geratet, da ihr ja wisset, daß die Bewährung eures Glaubens Geduld wirkt. Die Geduld aber soll ein vollkommenes Werk haben, damit ihr vollkommen und ganz seiet und es euch an nichts mangle" (Jakobus 1,2-4). Das stimmt mit der Aussage von Paulus in Römer 5,3-5 überein: „Sondern wir rühmen uns auch in den Trübsalen, weil wir wissen, daß die Trübsal Standhaftigkeit wirkt; die Standhaftigkeit aber Bewährung, die Bewährung aber Hoffnung; die Hoffnung aber läßt nicht zuschanden werden; denn die Liebe Gottes ist ausgegossen in unsre Herzen durch den Heiligen Geist, welcher uns gegeben worden ist." Demnach folgt dem Frohlocken im Leid letztendlich die Agape-Liebe, die in die Herzen ausgegossen wird. Das ist der höchste Gewinn.

Gesegnet sei das Leid

Wenn Gott jene Wesensart, die für die Herrschaft in den kommenden Zeitaltern benötigt wird, nicht ohne Leid entwickeln kann, sollte man dann nicht eine positive Einstellung zum Leid haben und sagen: „Gesegnet sei das Leid"? Die Stellung im Himmel wird nicht aufgrund einer anziehenden Persönlichkeit, ungewöhnlicher Talente, eines scharfen Verstandes oder aufgrund anderer begehrenswerter Begabungen bestimmt, sondern aufgrund der Tiefe und Beschaffenheit der Liebe. Die Erde ist mit ihren Sorgen, ihrem

Kummer, ihren Enttäuschungen und Schmerzen der einzige Ort, wo Liebe entwickelt werden kann. Und das Erdenleben ist die einzige Zeitspanne, die einem dafür zur Verfügung steht. Liebe ist die „Währung", das einzige „gesetzlich erlaubte Zahlungsmittel" des Himmels.

Wie hart, schroff, anmaßend, beißend, herrisch, taktlos, ungeduldig und sogar flegelhaft waren viele von uns, bevor das Leid sein segensreiches Werk begann. Wie oft haben wir uns rücksichtslos über die berechtigten Gefühle, Empfindungen und Meinungen anderer hinweggesetzt. Das alles ist kennzeichnend für Ichbezogenheit. Nur durch – oftmals schweres – Leid werden diese wenig liebenswürdigen Eigenschaften und Veranlagungen abgeschwächt und ins Positive verwandelt. Und darum muß Gott viele von uns durch das reinigende Feuer gehen lassen. Darum müssen viele so lange mit den Schicksalsschlägen kämpfen, bis sie zerschlagen und zerbrochen sind und alles Eigene aufgegeben haben.

Die Entthronung von Hiobs Ich

Bevor er litt, kannte Hiob Gott nur vom Hörensagen. Aber hinterher sagte er: „Nun sehe ich dich mit meinen Augen." Bevor sein Leiden abgeschlossen war, rechtete er mit Gott, ja, er beschuldigte ihn. Lesen Sie einmal Hiob, Kapitel 10! Am Ende rief er schließlich: „Darum widerrufe ich und will im Staube und in der Asche Buße tun" (Hiob 42,6). Hiobs Erfahrungen veranschaulichen uns 1. Petrus 4,1: „Denn wer am Fleische gelitten hat, der hat mit den Sünden abgeschlossen." Gott selbst bezeugte, Hiob sei ein heiliger Mann; trotzdem gab es da noch Züge von Ichbezogenheit, die Hiob zuerst gar nicht bewußt waren und die nur durch tiefes Leid ans Licht kommen und entfernt werden konnten.

Hiob war bereit, für die zu beten, die ihn so hart kritisiert hatten. Sie wurden vor dem Gericht des Herrn bewahrt. Dies beweist, daß in Hiob durch die Heimsuchung ein neues Maß an Agape-Liebe entstanden war. Kritik ruhig und ohne Gegenwehr oder Groll annehmen zu können zeugt von Wachstum in der Liebe. Darum forderte Jesus dazu auf, „die Feinde zu lieben" – weil sie Gelegenheit bieten, in der Agape-Liebe zu wachsen (Matthäus 5,44-48).

Praktische Ausbildung

Die gesamte Erziehung und Zubereitung der Brautgemeinde zielt auf Zunahme und Vervollkommnung der Liebe. Gott läßt jede Not, welcher Art und Schwere sie auch sein mag, zu diesem Zweck zu. Er gebraucht die jeweiligen Umstände, Persönlichkeitskonflikte, Feindschaften, ungerechten Kritiken, finanziellen Rückschläge, gesundheitlichen Probleme und Schmerzen, die Armut und Schwachheit und sogar das hohe Alter als Teile praktischer Schulung im Aneignen und Entwickeln von Agape-Liebe. Diese Schulung geschieht nicht in erster Linie mit Blick auf zeitlichen Wert und Gewinn – schließlich lernt man die tieferen Lektionen der Liebe oft erst gegen Ende seines Lebens. Wir sollten uns oft daran erinnern, daß Agape-Liebe die unerläßliche Ausrüstung und Voraussetzung für das Leben in der himmlischen Sozialordnung ist. Demnach befindet sich alles, was den Gläubigen am Durchbruch zur völligen Herrlichkeit hindert, auf der Seite des Menschen.

Leid und Persönlichkeitsbildung

Schwachheiten, Krankheiten und Leiden, die im Leben eines bibelfesten Gläubigen bestehen bleiben, müssen im Zusammenhang mit der Persönlichkeitsbildung gesehen werden. Alexander Maclaren glaubt, jede Trübsal komme mit einer Botschaft aus dem Herzen Gottes. Er sagt: „Wenn wir uns selbst besser kennten und uns so sähen, wie Gott uns sieht, könnten wir all unsere unbeantworteten Gebete auf Mängel in unserem eigenen geistlichen Leben zurückführen."

Jegliches Leid, das auf unser Gebet hin nicht weggenommen wird, sollte als Gottes Weg der Persönlichkeitsbildung verstanden werden. Auf diese Weise will er jeden von uns nach seinem Bild umgestalten und für die jeweilige Aufgabe in den zukünftigen Zeitaltern zubereiten.

Sinnvolles Leid

Alles, was Gott den Mitgliedern seiner Brautgemeinde zustoßen läßt, soll sie zur Reife in der Liebe bringen. In ihrer Funktion als „Könige und Priester" werden sie diese Eigenschaft brauchen. Wiederholen wir noch einmal: Das Leben auf der Erde, in einer gefallenen Sozialordnung, ist die einzig mögliche Umgebung, in der die Agape-Liebe überhaupt eingeübt und entwickelt werden kann. Deshalb sagt Paulus: „Dulden wir, so werden wir mitherrschen" (2. Timotheus 2,12) und: „... wenn anders wir mit ihm leiden, auf daß wir auch mit ihm verherrlicht werden" (Römer 8,17).

Sinnvolle Trübsal

Sobald ein Mensch wiedergeboren ist, beginnt für ihn eine Lehrzeit. Er soll ja in der Sozialordnung, in der das Gesetz der Liebe an oberster Stelle steht, mitregieren. Da die Trübsal für die Entthronung des Ichs und die Entwicklung der Agape-Liebe notwendig ist, sagt Paulus, wir sollten uns über sie freuen. Nur in dem Maße, in dem wir uns der Trübsal rühmen können, ist sie uns von Nutzen und hilft, Gottes Plan mit uns zu erfüllen. Wenn wir gegen sie ankämpfen, indem wir uns dem Selbstmitleid hingeben, uns auflehnen, murren und klagen, und indem wir Gott bezichtigen, er habe uns nicht richtig behandelt, sind unsere Leiden vergeblich.

Zu unverdientem Leiden berufen

Nichts von dem, was einem Kind Gottes zustößt – nicht einmal die schlimmsten Dinge –, geschieht jemals zufällig. Es handelt sich immer um geplante Prüfungen, die dem Gotteskind die Möglichkeit geben sollen, Agape-Liebe zu üben und zu lernen. Kein klar denkender Mensch würde es sonst für ein Vorrecht halten, unverdient zu leiden. Gott muß hieran gedacht haben, als er Petrus folgende Worte niederschreiben ließ: „Die Hausknechte seien mit aller Furcht den Herren untertan, nicht nur den guten und milden, sondern auch den wunderlichen! Denn das ist Gnade, wenn jemand aus Gewissenhaftigkeit gegen Gott Kränkungen erträgt, indem er Unrecht leidet. Denn was ist das für ein Ruhm, wenn ihr Streiche erduldet, weil ihr gefehlt habt? Wenn ihr aber für Gutestun leidet und es erduldet, das ist Gnade bei Gott.

Denn dazu seid ihr berufen, weil auch Christus für euch gelitten und euch ein Vorbild hinterlassen hat, daß ihr seinen Fußstapfen nachfolget" (1. Petrus 2, 18-21). Wenn wir begreifen, daß Gott uns auf die Ewigkeit vorbereiten will, können wir in unverdientem Leiden ruhig bleiben. Erklärt das nicht auch, warum Gott sowohl die Verfolgung und das Märtyrertum hinter dem Eisernen Vorhang als auch die Ungerechtigkeiten und die notvollen Situationen im Leben aller Heiligen auf der ganzen Welt zuläßt? „Denn euch wurde in bezug auf Christus die Gnade verliehen, nicht nur an ihn zu glauben, sondern auch um seinetwillen zu leiden" (Philipper 1,29).

Schwierigkeiten sind Pflicht

Es ist schwierig, durch andere erlittene Ungerechtigkeiten hinzunehmen, ohne Groll zu empfinden. Es ist nicht einfach, unverdient zu leiden, ohne zynisch und bitter zu werden. Es ist ein Problem, durch alle Unfreundlichkeit, Undankbarkeit, Mißverständnisse, Ungerechtigkeiten, Kränkungen und Schmerzen hindurch Liebe im Herzen zu behalten. Gott kann zulassen, daß uns großes Unrecht widerfährt, weil auch auf diesem Wege die Liebe wachsen kann. Schwierigkeiten gehören dazu, und aus diesem Grund sollten wir es „für lauter Freude" achten, „wenn ihr in mancherlei Anfechtungen geratet, da ihr ja wisset, daß die Bewährung eures Glaubens Geduld wirkt. Die Geduld aber soll ein vollkommenes Werk haben, damit ihr vollkommen und ganz seiet …" (Jakobus 1,2-4). „… in welcher ihr frohlocken werdet, die ihr jetzt ein wenig, wo es sein muß, traurig seid in mancherlei Anfechtungen, damit die Bewährung eures Glaubens,

die viel kostbarer ist als die des vergänglichen Goldes –
das durchs Feuer erprobt wird –, Lob, Preis und Ehre
zur Folge habe bei der Offenbarung Jesu Christi"
(1. Petrus 1,6-7).

Dünger für den Charakter

Beachten Sie, daß „mancherlei Anfechtungen" Reife
(in der Liebe) hervorbringen und „Lob, Preis und Ehre bei der Offenbarung Jesu Christi" zur Folge haben.
Wenn ein Kind Gottes in die Zukunft sehen und sich
die erhöhte Stellung, die das Leiden schafft, klar vor
Augen führen könnte, würde es ihm leichter fallen, in
der Anfechtung zu frohlocken – statt dessen gerät es
häufig in schwere Depressionen. Austin Phelps äußerte: „Leid ist ein wunderbarer Dünger für die Wur-
zeln unserer Persönlichkeit ... Der Zweck der Prüfung besteht darin, das größte und beste Maß an Liebe zu erlangen." Cortland Myers meinte: „Eines Tages wird Gott den Gläubigen zeigen, daß gerade die
Prinzipien, gegen die sie sich jetzt empören, jene
Werkzeuge waren, mit denen er ihre Persönlichkeit
vervollkommnete, mit dessen Hilfe er aus ihnen fun-
kelnde Edelsteine für sein himmlisches Bauwerk
machte."

Gottes geduldiges Wirken

Dr. J. R. Miller berichtet in seinem Buch von einer
jungen Mutter, die am selben Tag ihre beiden Kinder
verlor. Sie brach unter der Last ihres Kummers zusammen. Eines Tages schluchzte sie unter Tränen:
„Ich verstehe nicht, warum Gott mich gemacht hat."
Ihre Tante, die für sie sorgte und die Wege des Herrn

besser verstand, antwortete: „Liebes, du bist noch nicht gemacht. Gott ist gerade dabei, dich zu machen."

Gott nimmt einen Menschen an, wie er ist, und benutzt dessen ganze Lebenszeit, um ihn nach seinem Bilde umzugestalten.

Gott sitzt am Webstuhl meines Lebens,
und seine Hand die Fäden hält.
Er schafft und wirket nicht vergebens,
wenn ihm ein Muster wohlgefällt.
Mir will es manchmal seltsam dünken,
wie er die Fäden so verwirrt,
doch niemals seine Arme sinken,
wenn er das Weberschifflein führt.

Manch rauhe Fäden läßt er gleiten
durch seine liebe Vaterhand.
Er weiß aus allem zu bereiten
für mich des Himmels Lichtgewand.
Auch dunkle Fäden eingebunden
flicht er in das Gewebe ein,
das sind des Lebens trübe Stunden,
dann schweige ich – und harre sein.

Und stille ich am Webstuhl stehe,
wenn er auch dunkle Fäden spinnt,
den goldnen Faden ich nur sehe
und freu mich dessen wie ein Kind.
Denn ob es helle oder trübe,
aus allem glänzet doch hervor
der goldne Faden seiner Liebe,
die mich zu seinem Kind erkor.

Und ist der letzte Tag zerronnen,
mein Sterbetag, von Gott gewollt,
dann ist der Webstuhl abgesponnen,
und alles glänzt wie lauter Gold.
Dann sing ich mit den Engelchören
nach letzter durchkämpfter Nacht
dem großen Meister dort zu Ehren:
„Ja, du hast alles wohlgemacht!"

Hanny Fischer

Die Welt gehört nicht dem Teufel

„Die Welt wird nicht vom Zufall bestimmt – Zufall
gibt es nicht. Sie wird auch nicht vom Teufel gelenkt.
Das gesamte Universum steht unter der Herrschaft
des Vaters. Unser Feind ist ein geschaffenes, unter
Gottes Kontrolle stehendes Wesen. Gottes Hand
wirkt in allem, was auf Erden geschieht. ‚Mein Vater
wirkt bis jetzt, und ich wirke auch.' In allem, was er
zuläßt – Freude, Schmerz, Erfolg, Versagen, Hoffnung, Furcht, Vergnügen und Leid –, wirkt er an uns.
Aber Gott vervollkommnet uns nicht augenblicklich.
Der Prozeß dauert das ganze Leben – wie lange es
auch sein mag. Seit unserer Geburt wirkt Gott an uns,
ununterbrochen, bis zum Ende unseres Lebens. Es
gibt keine Stunde, in der unserem Leben kein neues
Gepräge gegeben wird, in der in unseren Charakter
keine neue Linie eingegraben wird... Immer ist Gott
da und wirkt in und durch unsere Erfahrungen... In
unserem Leben geschieht nichts zufällig" (Miller).

Es ist wichtig, sich daran zu erinnern, daß der Satan
ein geschaffenes Wesen ist. Er ist nicht der Herr des
Universums, weil er selbst ein Teil der Schöpfung ist.
Jegliche Autorität, die er durch den Sündenfall

106

Adams gewann, ging ihm auf Golgatha wieder verloren. In Matthäus 28,18 sagte Jesus: „Mir ist gegeben alle Gewalt im Himmel und auf Erden." Den Sieg von Golgatha vorwegnehmend, übertrug Jesus diese Autorität auf seine Jünger und durch sie auf die Gemeinde (Lukas 10,19). Bis zur endgültigen Gefangennahme Satans (Offenbarung 20,10) und dem Hochzeitsmahl des Lammes gebraucht Gott Satan für sein Vorhaben, die Braut im Überwinden zu unterweisen (Offenbarung 3,21) und sie ein größeres Maß an Liebe zu lehren.

Agape-Liebe und die Fehlschläge des Lebens

Gott wird alles Erdenkliche tun, um einen Menschen zuzubereiten und in der Agape-Liebe reifen zu lassen. Für ihn ist kein Preis zu hoch, weil er um die zukünftige Herrlichkeit weiß.

Wenn Gott einen Menschen eine Reihe von Erziehungsmaßnahmen durchlaufen läßt, dann will er ihn auf seine Stellung in der Ewigkeit vorbereiten. Die alltäglichen Dinge finden später, das heißt in der Ewigkeit, ihren Lohn.

Die Spitze des Eisbergs

Viele ausgezeichnete Autoren rechtfertigen das Leiden aufgrund seines zeitlichen Wertes und seiner Bedeutung für die menschliche Persönlichkeit und das Reich Gottes hier auf Erden. Diese Ansicht hat viel für sich. Zahlreiche Bücher wurden bereits über den Wert von Trübsal und Sorgen für die Entwicklung des Charakters und eines lobenswerten Lebensstils geschrieben. J. R. Miller brachte diese Auffassung in einem seiner Bücher wie folgt zum Ausdruck: „Wir wissen gar nicht, wieviel wir dem Leiden verdanken. Viele der größten Segnungen, die wir in der Vergangenheit erfuhren, sind die Frucht von Sorge und Schmerz."

An anderer Stelle sagte Dr. Miller: „Die größten Segnungen der Welt entstammen dem größten Leid. Von Goethe wird folgende Aussage berichtet: ‚Ich habe niemals etwas Schmerzliches erlebt, das sich nicht in ein Gedicht verwandelt hätte.' Es ist wahrscheinlich, daß die beste Musik und die schönste Poesie denselben Ursprung haben. Man sagt, daß ‚Dichter im Leiden lernen, was sie im Lied niederschreiben'. Ohne Schmerzen und Opfer kommt nichts wirklich Wertvolles zustande. Wenn wir in der christlichen Literatur auf eine Stelle stoßen, die genau auf unsere Situation zutrifft, haben wir oft keine Vorstellung davon, wieviel Leid es den Schreiber gekostet hat, die von ihm dargelegten Wahrheiten zu lernen." Jemand sagte einmal, daß „die Sorgen kommen, um im Herzen Raum für die Freude zu schaffen".

Dies sind alles wunderbare Gedanken. Es stimmt, daß das Leiden auch hier auf der Erde seinen Lohn hat. Ein Großteil davon kann vor dem Ende des Lebens sichtbar werden. Die Schule des Leids bringt bereits in der Gegenwart reiche Frucht. Aber diese Frucht verhält sich zur zukünftigen Herrlichkeit wie die Spitze eines Eisberges zu seinem unsichtbaren Teil. Der wichtigste Zweck der von Gott zugelassenen Trübsal wird erst sichtbar, wenn die Braut auf dem Thron sitzt. Dann – und erst dann – werden wir die volle Bedeutung der herrlichen Prophezeiung von Paulus erfassen: „Unsere Trübsal, die zeitlich und leicht ist, verschafft uns eine ewige und über alle Maßen gewichtige Herrlichkeit." Versuchen Sie nicht, die Wirkung und den Zweck der Trübsal jetzt auszuloten. Nur die Ewigkeit wird ihre ganze Herrlichkeit enthüllen.

Die Brautgemeinde – Anschauungsunterricht für das Universum

Wir kennen Gottes Werk in der Ewigkeit nicht genau, aber es muß wirklich großartig sein: „Was kein Auge gesehen und kein Ohr gehört und keinem Menschen in den Sinn gekommen ist, was Gott denen bereitet hat, die ihn lieben" (1. Korinther 2,9). Wir wissen auch, daß die Gemeinde im ewigen Gottesreich eine äußerst wichtige Stellung innehat: „...damit jetzt den Fürstentümern und Gewalten in den himmlischen Regionen durch die Gemeinde die mannigfaltige Weisheit Gottes kund würde" (Epheser 3,10).

Welcher Art ist diese „mannigfaltige Weisheit Gottes", die er jetzt „den Fürstentümern und Gewalten in den himmlischen Regionen" durch die Gemeinde kundtun will? Wenn die Liebe das Gesetz des Universums ist und die Gemeinde sich in einer Leidensschule befindet, um sich in dieser Liebe zu üben, muß jene „mannigfaltige Weisheit" aus einem Höchstmaß an Agape-Liebe bestehen.

Gott möchte die Gemeinde, die zukünftige Braut, in der Ewigkeit gebrauchen, um den Fürstentümern, Gewalten und allen anderen Wesen im Universum seine Liebe mitzuteilen. Das ist zweifellos ein Hauptgrund dafür, warum er sich solche Mühe gibt, um die einzelnen Glieder der Gemeinde ein größeres Maß an Agape-Liebe zu lehren. In Gottes Erlösungsplan muß es wohl einige Dinge geben, die für Engel ein Geheimnis sind. In 1. Petrus 1,12 lesen wir nämlich: „In welche auch die Engel hineinzuschauen gelüstet." Gott will die Gemeinde offensichtlich gebrauchen, um die Bewohner seines unendlichen Himmelreiches zu erziehen und zu belehren.

Die zentrale Stellung der Gemeinde

„Denn in ihm ist alles erschaffen worden, was im Himmel und was auf Erden ist, das Sichtbare und das Unsichtbare, seien es Throne oder Herrschaften oder Fürstentümer oder Gewalten: alles ist durch ihn und für ihn geschaffen; und er ist vor allem, und alles besteht in ihm. Und er ist das Haupt des Leibes, nämlich der Gemeinde" (Kolosser 1,16-18). Epheser 1,22 bekräftigt: „...wobei er alles unter seine Füße tat und ihn zum Haupt über alles der Gemeinde gab, welche sein Leib ist, die Fülle dessen, der alles in allen erfüllt." Er ist der Gemeinde als Haupt über alles gegeben worden. Das gesamte göttliche Handeln dreht sich um die Gemeinde. Sie ist dem Thron des Universums näher als sämtliche heutigen und zukünftigen Fürstentümer, Gewalten, Machthaber und Autoritäten (1. Korinther 3,21-23). Sie bildet als Jesu Leib sogar einen Teil der höchsten Autorität und wird mit ihm auf dem Thron sitzen. Daher wird Gott alles Erdenkliche tun, um die einzelnen Glieder des Leibes auf ihre erhabene Stellung vorzubereiten.

„Der Arbeiter ist wichtiger als das Werk"

Deshalb gibt Gott sich solche Mühe, völligen Zerbruch, Barmherzigkeit und Agape-Liebe hervorzubringen. Ein Beispiel: Manchmal läßt Gott es zu, daß einer von seinen Dienern in Glaubensdingen viele Jahre lang sehr erfolgreich ist. Er scheint ein gesegnetes Leben zu führen. Alles gelingt ihm. Dann erlaubt es Gott, daß scheinbares Unglück ihn überwältigt. Er ist völlig am Boden zerstört. Scheinbar ohne Grund bricht unter seinen Händen ein gesegnetes Werk

111

zusammen. Es ist nicht zu begreifen. Aber Gott hat seine Gründe.

Erfolg im Mißerfolg

Manchmal bietet ein Mißerfolg die einzige Möglichketit, das menschliche Ich zu entthronen. Not, entsetzliches Unglück und völliger Verlust sind notwendig, um Demut, Erbarmen und Selbstlosigkeit hervorzubringen, ohne die man für seine hohe Stellung in der Ewigkeit ungeeignet bleibt. Eine Krankheit kann finanzielle Schwierigkeiten, den Verlust des „guten Rufes" oder andere persönliche Probleme mit sich bringen. Wenn der Mißerfolg den Menschen besser auf die zukünftige Herrschaft vorbereitet als der Erfolg, dann können Sie gewiß sein, daß Gott den Menschen zu sehr liebt, um ihn so zu behüten, daß er dadurch an seiner „ewigen und über alle Maßen gewichtigen Herrlichkeit" Schaden nähme. Gott scheint dem Satz „Der Arbeiter ist wichtiger als das Werk" zuzustimmen, denn er schaut auf die ewigen Werte. Oswald Chambers sagte: „Weshalb sollten wir nicht durch Herzeleid hindurchgehen? ...Wenn Gott ein zerbrochenes Herz als Durchgang benützen kann, um Seinen Heilsplan in die Welt eindringen zu lassen, dann danke Ihm dafür, daß Er dein Herz zerbrochen hat."

Zeitliches gegen Ewiges

Viele begabte religiöse Führer sind versucht, nach zeitlichem Erfolg – einem eigenen Königreich auf Erden – zu streben und dafür zu arbeiten. Die gegenwärtig starke, fast ausschließliche Betonung des Positiven, die es bei manchen von ihnen gibt, ist hierfür ein Beispiel. Ich fürchte, daß manche dieser Männer in ihrem Werk scheitern und zerbrechen müssen, wenn sie an jener „ewigen und über alle Maßen gewichtigen Herrlichkeit", von der Paulus spricht, teilhaben wollen.

Lautere und unlautere Motive

Wie viele von uns handeln nach den unterschiedlichsten Motiven, die uns überhaupt nicht bewußt werden, bis Gott eine reinigende Not zuläßt. Jener „Dämon in uns" besteht aus eitlem Streben, menschlicher Energie und einem nicht gekreuzigten Ich. Gott wird alles Erdenkliche tun, um ihn auszutreiben. Wenn es sein muß, wird er ein augenscheinlich geistliches Werk sogar scheitern lassen. Gott arbeitet für die ewige Stellung des Menschen und zu seinem eigenen, ewigen Ruhm. „Nach der Gnade Gottes, die mir gegeben ist, habe ich als ein weiser Baumeister den Grund gelegt; ein anderer aber baut darauf. Ein jeglicher sehe zu, wie er darauf baue. Denn einen andern Grund kann niemand legen, außer dem, der gelegt ist, welcher ist Jesus Christus. Wenn aber jemand auf diesen Grund Gold, Silber, kostbare Steine, Holz, Heu, Stroh baut, so wird eines jeden Werk offenbar werden; der Tag wird es klar machen, weil es durchs Feuer offenbar wird. Und welcher Art eines jeden Werk ist, wird das Feuer erproben. Wird jemandes Werk, das er darauf gebaut hat, bleiben, so wird er Lohn empfangen; wird aber jemandes Werk verbrennen, so wird er Schaden leiden; er selbst aber wird gerettet werden, doch so, wie durchs Feuer hindurch" (1. Korinther 3,10-15).

Die Vergötzung des Erfolgs

Heute beten nicht nur Weltmenschen den Erfolg an. Auch viele Gemeindeleiter machen sich schuldig. Für manche Direktoren großer christlicher Werke scheint der Erfolg der Götze zu sein. Viele können John Henry Newman beipflichten, der dieses geistliche Laster in dem Lied „Lead, Kindly Light" (Leite, freundliches Licht) in Worte faßte. Er schrieb:

Ich liebte die prunkvollen Tage,
trotz aller Ängste.
Der Stolz regierte meinen Willen –
denk bloß nicht an vergangene Jahre.

Manche von uns werden ihren Fehler erst erkennen, wenn sie innerlich total zerbrochen sind. Gott benötigt vielleicht unser ganzes Leben, um uns zu wirklicher Nüchternheit zu verhelfen, unsere Motive zu reinigen und uns in der Agape-Liebe reifen zu lassen. Es hat oft den Anschein, als hole Gott einen Menschen gerade dann zu sich in den Himmel, wenn jener die Reife in der Liebe erreicht hat, die ihn am brauchbarsten erscheinen läßt. Viele fragen, warum Gott einen Menschen heimholt, der für einen fruchtbaren Dienst wunderbar geeignet scheint. Es ergibt nur einen Sinn, wenn Gott im Leben nicht in erster Linie den zeitlichen Dienst, sondern seinen eigenen, ewigen Plan im Auge hat. Er benutzt die Lebensumstände – sei es Freude oder Leid, Vergnügen oder Schmerz, Erfolg oder Mißerfolg –, um den Menschen für dessen erhöhte Rolle im zukünftigen Gottesreich zuzubereiten. Wenn Gott das schließlich erreicht hat, gibt es kaum einen Grund, den betreffenden Menschen länger auf der Erde zu lassen.

Das Leben noch einmal leben

Je mehr sich der Mensch seinem Lebensende nähert, desto mehr wird er sich der ewigen Wahrheiten bewußt. Im Licht der dahinschwindenden Jahre hat sich sein Blickwinkel verändert. Wenn an seinem Lebensabend die Schatten länger werden, überprüft er sein Wertsystem. Die Dinge, die er früher für wichtig hielt, erscheinen ihm jetzt weniger bedeutsam. Die hehren Ziele früherer Jahre haben ihre Anziehungskraft und Schönheit verloren. Der Mensch hat an Weisheit zugenommen. Zurückblickend erkennt er seine frühere Torheit und steht in Gefahr, sich einem vergeblichen Bedauern hinzugeben. Aus menschlicher Betrachtungsweise heraus – wenn man nicht erkennt, daß das Leben hauptsächlich dem Erlernen der Agape-Liebe und nicht dem weltlichen Erfolg dient – wünscht man sich dann, die Uhr zurückdrehen und sein Leben noch einmal leben zu können. So wäre die Weisheit auszunutzen, die das Leben geschenkt hat. Manchmal meint man nämlich, das Leben sei ein einziges Versagen gewesen. Aber hat man wirklich gelernt zu lieben, gibt es in Gottes Augen keinen Grund, das Leben noch einmal zu leben, weil dessen tatsächlicher Zweck erreicht worden ist. „Denn das Leben ist mit allem, was es an Freude, Not, Hoffnung und Furcht mit sich bringt, gerade unsere Chance zum erfolgreichen Erlernen der Agape-Liebe" (Browning).

Ein Leben ohne Liebe ist eine Katastrophe

Jemand, der zwar größten Erfolg hatte, aber am Ende seines Lebens keine Agape-Liebe besitzt, hat auf der ganzen Linie versagt. Beneiden Sie nicht diejenigen, die im Licht der Öffentlichkeit stehen, einen scharfen Verstand besitzen oder großen Reichtum und alle damit verbundenen Annehmlichkeiten des Lebens erlangt haben. Wenn jemand im Laufe seines Lebens keine Liebe gelernt hat, ist sein Leben eine Katastrophe gewesen. In dieser Hinsicht ist Psalm 37 von großer Bedeutung.

Das Leben dient dem Erlernen der Liebe, nicht der Sinnesfreude, dem Anhäufen von Reichtum oder dem Ruhm. Es ist nicht dazu da, große Industriekomplexe, Handelszentren, Militärblöcke oder politische Macht aufzubauen. Es dient nicht dem Erforschen oder der Eroberung des Weltraums. Es ist nicht dazu da, Naturwissenschaften, Geschichte, Wirtschaft, Philosophie oder selbst Theologie zu studieren. Auch hat es nicht den Zweck, große Reden oder Predigten zu halten oder gewaltige religiöse Veranstaltungen durchzuführen. Genausowenig dient es dem Erbauen großer Institutionen wie Krankenhäuser, Kirchen, Schulen und Universitäten. Es hat auch nicht das Veröffentlichen von Büchern, Zeitschriften oder anderen Schriften zum Ziel. Dies alles ist nur von Wert, wenn es aus Liebe entsteht oder zum Lernen oder Auswirken der Liebe beiträgt.

Wirklicher Erfolg

Wenn jemand gelernt hat zu lieben, war sein Leben ein Erfolg – unabhängig davon, wie sehr er anderweitig versagt hat. Und wenn alle vergangenen Fehlschläge beim Erlernen der Liebe schließlich doch zum Zerbruch geführt haben, dann war das betreffende Leben in Gottes Augen kein Mißerfolg, denn auf eben diesen Zerbruch hat er ja hingearbeitet. Dieses

116

Ziel wollte Gott von Anfang an erreichen, denn Agape-Liebe ist ausschlaggebend für die Herrschaft in Gottes ewiger Sozialordnung. Liebe ist in der Tat notwendiger Bestandteil eines wirklich erfolgreichen Lebens auf der Erde – aber ihr letztendlicher Wert liegt darin, daß sie den Menschen zu ewiger Herrschaft in einer Ordnung befähigt, in der Liebe oberstes Gesetz ist.

Ein Leben ohne Liebe bringt Kummer und Leid mit sich und muß scheitern. Aber Gott ist bereit, diesen Preis zu zahlen und in uns Zerbruch, Erbarmen und einen sanften Geist zu schaffen. *Jede Sünde richtet sich gegen die Liebe.* Erfolg auf Kosten der Liebe ist Versagen. Gewinn auf Kosten der Liebe ist Verlust. Die Liebe vergeht nie. „Wenn die Sonne alt geworden ist und die Sterne erloschen sind, wenn die Zeit verstrichen ist, wird die Liebe immer noch andauern, unermeßlich groß und ungebrochen." Sie ist das höchste Gesetz des Universums. Es kann niemals ungestraft gebrochen werden.

Loblied auf die Agape-Liebe
(Der Apostel Paulus möge entschuldigen)

Wenn ich reich wäre wie Krösus, König Midas,
die Rockefellers, Howard Hughes und Paul Getty
zusammen,
aber keine Liebe hätte,
so wäre ich nichts.
Wenn ich mächtig wäre wie Nebukadnezar,
Alexander der Große, Karl der Große
und Napoleon zusammen,
aber keine Liebe hätte,
so wäre ich nichts.

Wenn ich die Redegabe eines Demosthenes,
Cicero, Shakespeare, Daniel Webster
oder Churchill besäße
und unzählige Menschen beeindrucken könnte,
hätte aber keine Liebe,
so wäre ich nichts.
Besäße ich die Schönheit und den Charme
von Helena, Kleopatra oder Miss Universum,
hätte aber keine Liebe,
so wäre ich nichts.

Agape-Liebe vergeht nie!
Reichtum wird verrosten und vergehen;
Ruhm wird in Vergessenheit geraten;
politische Macht und Vorherrschaft werden
zerplatzen wie eine Seifenblase;
militärische Macht wird zerfallen;
beredsame Zungen werden verstummen;
äußere Schönheit wird verwelken –
aber die Liebe währt ewig.

Wenn die altersgraue Zeit nicht mehr ist;
wenn die irdischen Throne und Königreiche fallen;
wenn der Hochbetagte
sich auf den Richterstuhl gesetzt hat;
wenn die Engelharfen schweigen
und himmlische Stille das Universum erfüllt –
die Liebe wird immer noch jung sein.

Wenn das letzte Flugzeug seinen Flug beendet hat;
wenn kein Satellit mehr den Erdball umkreist;
wenn die letzte Rakete abgeschossen ist;
wenn die Trümmer des schmelzenden Kosmos
durch den Feuersturm des göttlichen Zorns

hinweggefegt worden sind;
wenn der neue Himmel und die neue Erde
aus den Zeitaltern emporsteigen –
die Liebe bleibt immer jung.
Sie wird niemals altern, niemals verwelken,
niemals vergehen.
Sie ist das höchste Ziel des Lebens.
Sie ist göttlich.
Strebe nach der Liebe!

Verfasser unbekannt

Agape-Liebe und Älterwerden

Altern gehört zum Plan Gottes

Es wurde schon gesagt, daß alles, was einem gehorsamen Kind Gottes zustößt, auf die Entwicklung der Persönlichkeit abzielt. Nehmen Sie zum Beispiel den Prozeß des Alterns. Die meisten Leute möchten sich dem Älterwerden entziehen und diesen Prozeß möglichst lange hinauszögern. Alle denkbaren Kunstgriffe werden angewandt, um den Schein von Jugend zu wahren. Gewöhnlich hält man das Altern lediglich für eine natürliche Folge des unerbittlichen Fortschreitens der Zeit, der man nur mit Bedauern entgegensehen kann. Dem vorherrschenden Jugendkult gemäß sollen die Älteren „innerlich jung bleiben" – als ob eine Wunschvorstellung dem unaufhaltsamen Flug der Zeit Einhalt gebieten könnte! Aber Älterwerden ist mehr als ein unvermeidlicher biologischer Prozeß. Es hat einen Sinn und gehört zu Gottes Plan.

Durch den Prozeß des Alterns will Gott die Menschen unter anderem dazu befähigen, ihre Wertsysteme zu überprüfen. Wie sehr unterscheiden sich doch die Ziele, denen man in der Jugend den Vorrang gibt, von denen im Alter! In der Jugend wünscht man sich Erfolg, Macht, Ruhm, eine gute Stellung, einen Namen, Wissen, Reichtum und ein sorgenfreies Leben.

Die Jugend glaubt oft, das Leben diene hauptsächlich dem Vergnügen. Das Ich steht im Mittelpunkt. Durch die Wechselfälle des Lebens, seien es Enttäuschungen, Sorgen und die zunehmenden Gebrechlichkeiten des Alters, möchte Gott dies ändern. Gott möchte unseren Blick von der Erde lösen und auf den Himmel ausrichten. J. R. Miller sagt: „Das wahre Leben ist in der Tat eine Folge von Kämpfen, in denen der Bessere den Schlechteren, der Geist das Fleisch besiegt. Solange wir nicht aufhören, *ichsüchtig* zu leben, haben wir überhaupt noch nicht begonnen, *wirklich* zu leben."

Der Sinn des Alterns

Der Sinn des Alterns mit all seinen Freuden und Leiden besteht darin, den Menschen von der Selbstvergötzung abzubringen – ihn also in der Liebe reifen zu lassen. Älter werden heißt nicht automatisch besser werden, es sei denn, wir lassen uns wirklich von der Eigenliebe befreien. Das Älterwerden soll den Menschen sanfter, aufmerksamer, rücksichtsvoller, freundlicher und teilnahmsvoller, aber weniger kindisch und anspruchsvoll machen. Darin liegt der Grund für die Prüfungen und Trübsale, die schmerzhaften Auseinandersetzungen und die Kämpfe und Krankheiten. Es ist auch der Grund für die finanziellen Rückschläge, die Undankbarkeit von Angehörigen, die Enttäuschungen durch falsche Freunde und die Not durch Trauerfälle.

Altern – Abschluß in der Schule Gottes

J. R. Miller schrieb: „Wetter und Klima beeinflussen die Entwicklung und Reifung der Früchte. Die verschiedenen Jahreszeiten mit ihren unterschiedlichen klimatischen Bedingungen sind notwendig, um die Frucht reifen zu lassen. Der Winter trägt seinen Teil ebenso dazu bei wie der Frühling, der Sommer und der Herbst. Tag und Nacht, Regen und Sonnenschein, Kälte und Hitze, Wind und Windstille bewirken gemeinsam, daß die Frucht reift."

Auf gleiche Weise tragen die verschiedenen Erfahrungen des Lebens – auch die des Alters – dazu bei, die Persönlichkeit reifen zu lassen und Agape-Liebe zu entwickeln. Gäbe es nur Sonnenschein, würde keine gute Frucht entstehen. Ebensowenig würden immerwährende Freude und Glück eine wertvolle Persönlichkeit hervorbringen. Sowohl die Dunkelheit wie das Licht, sowohl der Winter wie der Sommer sind notwendig, um unser Wesen in der Agape-Liebe reifen zu lassen.

Deshalb muß man das Älterwerden nicht einfach als bedauerliches Übel hinnehmen. Es gehört zum Plan Gottes. Wenn es in der richtigen Haltung angenommen wird, kann es im Blick auf die Charaktererziehung und -veredelung Gottes letzte, abrundende Schulung vor dem Eintritt in die Ewigkeit sein.

Die Vergeudung der Ruhestandsjahre

Altersforscher befürchten, daß der vorzeitige Ruhestand eine unnötige Vergeudung von Arbeitskraft nach sich zieht. Nirgendwo trifft dies mehr zu als im Leben des älterwerdenden *Gläubigen*. Nach dem Erreichen des Rentenalters ist die Versuchung groß, dem Vorbild der Welt zu folgen und nur noch für das eigene Vergnügen zu leben. Nach ihrer Pensionierung sind diejenigen, die finanziell einigermaßen gutgestellt sind, häufig der Ansicht, jetzt sei die Zeit gekommen, ihre eigenen Wünsche zu befriedigen und zu tun, was sie schon immer tun wollten. Oft beginnen sie mit Reisen, Rundfahrten und anderen Vergnügungen. Diejenigen, die weniger Geld haben, sind vielleicht unzufrieden, beklagen ihr Schicksal, beneiden andere und siechen voll Selbstmitleid dahin. Gläubige, die diese schlechten Gewohnheiten annehmen, vergeuden das Leid, das ihnen begegnet.

Den Ruhestand fruchtbringend ausnutzen

Gott will, daß wir die Periode des Zerfalls der körperlichen Kräfte besonders zur Fürbitte benutzen. Geistlich gesehen, kann das Alter der ertragreichste Lebensabschnitt sein. Ich zitiere aus meinem Buch „Für den Thron bestimmt": „Da, wo etwas geschieht, steckt immer Gebet dahinter … Das Größte, was man für Gott und die Menschen tun kann, ist zu beten … Du kannst noch mehr tun als beten, *nachdem* du gebetet hast; aber du kannst nicht mehr tun als beten, *bis* du gebetet hast … Durch den Einsatz der Waffen ‚Gebet‘ und ‚Glauben‘ bestimmt die Gemeinde das Gleichgewicht der Kräfte in weltlichen Angelegenheiten und beeinflußt die Errettung von Menschen … Das Schicksal der Welt liegt in der Hand der unbekannten Heiligen."

Die Strategie Satans

Diejenigen unter uns, die im Ruhestand leben, könnten und sollten die größte Streitmacht bilden, die

Gott bei der Beeinflussung der Weltgeschichte und der Rettung von Seelen zur Verfügung steht. Im Berufsleben ist es oft recht schwierig, genügend Zeit zum Gebet zu finden. Pfarrer, Evangelisten, Gemeindeälteste und andere Diener im Reiche Gottes haben dasselbe Problem. Wenn sie nicht gelehrt wurden, wie bedeutsam ein Leben des Gebets und der Hingabe ist, laufen sie große Gefahr, es als zweitrangig einzustufen. Satans Strategie zielt vor allen Dingen darauf, die Arbeiter im Reich Gottes so sehr mit zweitrangigen Dingen zu beschäftigen, daß sie für das Wichtigste – das Gebet – nur wenig Zeit finden. So wird das „Gute" zum Feind des „Besten". Die abscheulichsten Ausdrucksformen des Bösen in der Welt sind das Ergebnis dämonischer Aktivitäten. Nur der Heilige Geist kann sie unter Kontrolle halten. Aber er hat sich entschlossen, nur aufgrund der Gebete der Heiligen tätig zu werden (Matthäus 16,18-19 und Johannes 20,21-23). Darum sagte John Wesley: „Gott tut nichts ohne unser Gebet."

Die Bedeutung des Gebets

„Die geistlichen Siege werden in erster Linie weder auf der Kanzel noch im Scheinwerferlicht der Öffentlichkeit errungen, noch durch lautes Trompetengeschmetter, sondern im verborgenen Gebetskämmerlein ...

Gott sei Dank für Männer wie Billy Graham, die er mit großen Gaben und Fähigkeiten im Predigtamt beschenkt hat. Wir wollen sie an dieser Stelle nicht abwerten, und doch muß gesagt sein, daß nicht Billy Graham es war, der mit seinen überdurchschnittlichen Gaben und außergewöhnlichen Fähigkeiten, mit seiner hervorragenden Rhetorik oder psychologischen Überzeugungskraft bereits Tausende von Menschen veränderte. Es war vielmehr die Macht des Gebets und Glaubens der Millionen Beter, die ihn in seinem Dienst unterstützen. Vom geistlichen Standpunkt aus gesehen liegt der „Erfolg" Billy Grahams vor allem darin, daß sein Einsatz von der Fürbitte und den Gebeten anderer mitgetragen wird. Durch diese geistliche Rückendeckung kann Satan samt seinen Legionen bezwungen werden wie damals im Kampf gegen Amalek, als Mose, Aaron und Hur in Fürbitte hinter Josua und Israel standen." (aus: Billheimer, Für den Thron bestimmt)

Wo etwas geschieht, steht immer Gebet dahinter

„Vielen Menschen tut es leid, daß sie nicht einen Dienst in der Mission oder sonstige besondere Aufgaben angenommen haben. Ihnen sei gesagt, daß ihre Fürbitte genausoviel vermag und ebenso belohnt werden wird, als wären sie selbst hinausgegangen aufs Missionsfeld. Die, die sich darüber beklagen, sie seien stiefmütterlich behandelt worden in ihrem Leben, weil sie nicht glänzen können mit ihren Gaben und Fähigkeiten, oder die, die wegen ihres Alters oder einer Krankheit kürzertreten müssen, können in gleicher Weise wie die ‚Talentierten' teilhaben am himmlischen Lohn, indem sie einfach beten, und das deshalb, weil nur da etwas geschieht, wo gebetet wird.

‚Wer einen Propheten aufnimmt darum, daß er ein Prophet ist, der wird eines Propheten Lohn empfangen. Wer einen Gerechten aufnimmt darum, daß er ein Gerechter ist, der wird eines Gerechten Lohn empfangen' (Matthäus 10,41). Wenn allein schon Gastfreundschaft belohnt werden wird, dann wird es der Dienst der Fürbitte sicher nicht weniger." (aus: Billheimer, Für den Thron bestimmt)

Beständige Rückendeckung durch Gebet

Es gibt nur einen Billy Graham. Es wird niemals einen zweiten geben. Aber nach den oben zitierten Worten Jesu wird der geringste Heilige, der treu im Gebet hinter Billy steht, ebenso gewiß am himmlischen Lohn teilhaben, als wenn er selbst all die Gaben besessen hätte, mit denen Gott diesen bekannten Evangelisten ausgestattet hat.

Dasselbe gilt für die Arbeit jedes anderen geistlichen Führers. In dem Maße, in dem man die Verantwortlichen in der Gemeinde – seien es Missionare, Pfarrer, Evangelisten, Lehrer oder Älteste – treu im Gebet unterstützt, wird man am ewigen Lohn teilhaben, den sie am Jüngsten Tag empfangen werden. Um einen Ausdruck aus dem Sport zu gebrauchen: Dieser Gebetskampf ist eine beständige Rückendeckung für den, der den Ball führt.

Das Schicksal der Welt

„Hier ist nicht der Platz für Selbstmitleid oder Neid auf die Begabteren, sofern man bereit ist, an dem Platz, an den man gestellt ist, im Gebet zu kämpfen. Auch der namenlose Christ im hintersten Winkel der Welt, der nicht beachtet wird und weit weg vom Schlachtfeld kämpft, ist von Bedeutung. Er wird, wenn er Glauben hält, den gleich hohen Lohn empfangen, den das größte und begabteste geistliche Haupt erhalten wird." (aus: Billheimer, Für den Thron bestimmt)

Die treuen Gebetskämpfer stehen ebenso an der Front und leisten einen ebenso großen Beitrag in dem Streit wie derjenige, der im Rampenlicht steht. Und sie werden dieselbe Belohnung erhalten. Wahrlich, „das Schicksal der Welt liegt in der Hand der unbekannten Heiligen".

Eine klare Alternative

Wenn das alles zutrifft, muß kein Gläubiger jemals in den Ruhestand treten. Auch muß kein Abschnitt seines Lebens unfruchtbar sein. Durch die Fürbitte kann er sowohl im Rollstuhl wie auch vom Krankenbett aus ebenso in der vordersten Linie stehen wie diejenigen, die im Rampenlicht aktiv sind. Beten verlangt und entwickelt mehr Persönlichkeit als Predigen, Singen oder das Organisieren von Großevangelisationen. Es gibt genug ältere Gläubige, von denen viele das Gefühl haben, sie seien nutzlos geworden. Wenn sie erkennen würden, daß Beten das Größte ist, das man für Gott und die Menschen tun kann, und wenn sie bereit wären, sich selbst zu einem Leben des Gebets anzuhalten, dann würden ihrer genug sein, um unser Volk zur Umkehr zu bringen. Betende Heilige sind die einzigen, die so etwas vermögen! „Der Gerechte wird grünen wie ein Palmbaum ... noch im Alter tragen sie Frucht" (Psalm 92,13.15). Es wäre traurig, würden ältere Gläubige ihre vermutlich ertragreichsten Jahre durch ein vergnügungssüchtiges Leben oder durch Selbstmitleid vergeuden.

Die folgenden Zeilen zeigen eine klare Alternative auf:

Ich kann nicht weiter – ich frage mich, warum?
Habe ich mein Leben gelebt?
Werde ich bald sterben?
Wenn ich doch noch ein zweites Leben hätte …
aber nein! Er gibt uns nur eines, in dem wir
die Krone gewinnen oder verlieren können.

Nun komm, meine Seele! Du lebst ja;
Warum länger darniederliegen?
Erhebe dich und erfülle
deine Aufgabe möglichst gut. Die Nacht naht.
Du bist nicht zu alt – wer behauptet das von dir?
Gott hält kein Alter für nutzlos –
in seinem Wort steht das nicht.
Und wenn Satan in seiner raffinierten Art
dich ins Abseits gedrängt hat,
so bleibe nicht dort.

Erhebe dich! Und gib, was du noch hast,
um verlorenen Seelen Christus zu verkündigen.
Seine Hand führt dich weiter;
bete und säume nicht zu folgen;
die Zeit ist kurz,
und am Ende steht der Himmel.

Alvin A. Rasmussen

Denken Sie daran: Sie sind für den Thron bestimmt! Sie befinden sich jetzt in der Schule Gottes. Ihre Prüfungen geschehen nicht zufällig. Kein Leiden ist sinnlos. Es geht um Ihren ewigen Lohn. Daher bitte ich Sie: Verschwenden Sie Ihr Leid nicht!